工 匠 精 神 是 一 种 信 仰

工匠精神

学习型员工进阶手册

陈 浩◎著

中华工商联合出版社

图书在版编目（CIP）数据

工匠精神 ：学习型员工进阶手册 / 陈浩著. -- 北京 ：中华工商联合出版社，2016.7

ISBN 978-7-5158-1728-6

Ⅰ. ①工… Ⅱ. ①陈… Ⅲ. ①企业－职工－修养 Ⅳ. ①F272.92

中国版本图书馆CIP数据核字(2016)第156803号

工匠精神：学习型员工进阶手册

作　　者：陈　浩
责任编辑：胡小英　邵桄炜
装帧设计：润和佳艺
责任审读：李　征
责任印制：迈致红
出版发行：中华工商联合出版社有限责任公司
印　　刷：北京天宇万达印刷有限公司
版　　次：2016年8月第1版
印　　次：2017年10月第3次印刷
开　　本：710×1000mm　1/16
字　　数：250千字
印　　张：14.5
书　　号：ISBN 978-7-5158-1728-6
定　　价：39.80元

服务热线：010-58301130
销售热线：010-58302813
地址邮编：北京市西城区西环广场A座
19－20层，100044
http://www.chgslcbs.cn
E-mail：cicap1202@sina.com（营销中心）
E-mail：gslzbs@sina.com（总编室）

在浮躁的世界中独立不改

2015年5月1日，《大国工匠》播出了第一集。也许，大家事前没料到，这个专题片会如此走红。片中传递的“工匠精神”，一度成为媒体与业界争相讨论的热点，甚至写进了2016年两会的政府工作报告中。

什么是工匠精神？众说纷纭。

有人说，工匠精神就是干一行爱一行，把工作看成是人生的修行。

有人说，工匠精神就是一丝不苟地做好每个细节。

有人说，工匠精神就是精益求精，把追求高精尖品质当成自己的生命。

有人说，工匠精神就是耐得住寂寞，不被任何浮躁的东西干扰自己的目标。

还有人说，工匠精神就是用创意推动社会进步，让人类的生活变得更美好。

总之，大家都愿意相信，一个工匠精神盛行的社会，肯定不会接到太多315投诉电话。

因为，到那时，生产者会以大国工匠式的责任心制造出最完美的精品，消费者也可以毫无疑虑地称赞自己所欣赏的业界良心。媒体也不需要整天曝光新闻事件来“强行反思”社会，而是真正去发现各行各业无处不在的榜样力量。

可惜作为一个发展中大国，目前的中国还远远没达到这个发展水平。差距令人沮丧，却也为我们树立起了奋斗目标。

《大国工匠》勾起了人们对工匠精神的回忆。这种思想精神被重新唤起，正是因为我们已经不再满足于世界工厂的赞誉。哪怕经历了百年屈辱与落后于世界的恐慌，中国人内心深处还是改不了大国人民特有的“争先恐后”情结。

争天下之先，恐被历史甩在身后。说到底是想重新站在时代前沿，甩掉一切负面的标签。比如，“中国制造=廉价的山寨货”。这对尊重原创、厌恶投机的工匠精神而言，简直是最大的污点。

全球经济还在继续衰退，中国产业的升级也迫在眉睫。各方面的压力交织在这个人类有史以来最大的发展中国家，包括让世界刮目相看的中国制造业，同样面临着严峻的挑战。这也是社会各界从2015年开始纷纷呼吁工匠精神的根本原因。

应当清醒地意识到，我们将长期处于剧烈的社会转型阶段。无论我们是否从事那八位大国工匠的行业，都会在这个大转型期遭遇很多让人心浮气躁、思想矛盾的东西。越是这个时候，越要设法克服身上的浮躁气息。工匠精神恰恰是一剂让我们保持清醒的良药。

工匠精神，一个看似颇有沧桑感的词，深深地震撼了互联网时代的浮躁人类。那种直击心灵的力量，是大国工匠们令人叫绝的高超技艺，是无论做什么都一辈子爱岗敬业的虔诚态度，是用智慧与勤劳书写历史的万丈豪迈，是在这个浮躁的世界中独立不改的坚定信仰。

常听人说，如今是一个信仰缺失的时代，是一个全民浮躁的时代，是一个精神思想碎片化的时代。且不说这种评价是否过分悲观，单看这些大国工匠，你就会觉得，这些负面评价与他们的生活毫不相干。

那八位大国工匠，有的从事着最尖端的航天工业，有的穿插着古老的手工造纸业。他们在行业内是响当当的大师级人物，但对于不在该行业的绝大多数人来说，又像是默默无闻的过路人，还不如一个网络红人的名气大。然而，网络红人的名气再大，也免不了会因为时光流逝而贬值。大国工匠们倾尽诚意完成的杰作，却会随着岁月累积而不断增值。

尽管他们的名字可能没有作品那么引人注目，但这份大国工匠的“匠心”足以引发每一位见证者的共鸣。因为，在他们的作品之中，有超越自我极限的精诚意志在薪火相传。那是信念的力量!

做个不随波逐流的人很难。我等普通人如同大海中的小帆船，风往哪吹，浪往哪起，就会不由自主地往哪漂流。如果自己的方向不定、航道不明，又怎能达到心中寻找的那片陆地呢?

然而，工匠们却不会这般迷茫。他们也是一颗脑袋两只手，却能在历经大风大浪后，依然坚定地航行在自己选择的道路上。支持他们在浮躁的世界中独立不改的，正是工匠精神。

按照“缺啥补啥定律”，我们羡慕工匠精神，正是因为我们身上尚缺乏这种优秀的品质。但反过来说，我们虽然缺乏工匠精神，但能意识到自己需要它，足以说明我们还没有变得麻木不仁。也许，触动大家内心的，不只是工匠精神指导我们一步一步走向功成名就的现实意义，还有追求不朽的高远情怀。

比起用嘴巴宣扬工匠之道，大国工匠们更喜欢用行动来传递工匠之魂。所以，笔者想替各行各业贯彻工匠精神的劳动者说点话，与读者诸君分享一下工匠精神的学习心得。

目录

O N E

工匠精神，把诚意刻入岁月的厚重信仰

时间因不可逆转而弥足珍贵，很多中外诗人都以无数深刻的语言赞美过时间的价值。毫不夸张地说，时间崇拜是全人类共有的本能。当我们看到那些历经岁月消磨的伟大工程或精致文物时，总是不由自主地对其产生敬意。因为从这些本来没有生命的事物中，你能感受到制造它们的工匠所倾注的心血与技巧。那是一种被铭刻在岁月里的精诚意志，一种无比厚重的虔诚信仰。

在互联网时代，工匠精神看起来像是布满灰尘的遗迹。纵然人们对其惊叹不已，却也觉得它已经不合时宜。这是一个很大的误解。广义的工匠早已超出了“传统手工艺人”的范围，与现代化制造业融为一体了。而以精益求精、一丝不苟、专注持久为特征的工匠精神，其实对各行各业都是不可或缺的。

无论多么平凡的岗位，都可以创造出辉煌的业绩。这种业绩并不是说赚了多少钱，更多的是指能否做到本行业的最高水平，成为备受敬仰的业内楷模。每个行业都有自己的骄傲，在那些贡献突出的模范人物身上，无一例外都具备着一种工匠精神。

爱岗敬业的责任感，造福社会的使命感，追求极致的自豪感，有口皆碑的成就感，薪火相传的神圣感，让工匠精神具备了超越时空的意义。在这个人心浮躁的互联网时代，弘扬工匠精神绝非开历史的倒车。恰恰相反，工匠精神可以为互联网社会注入更强大的生命力。

从“大国工匠”说开去

我国是一个制造业大国，舆论却普遍认为我们中国人缺乏工匠精神。

永远觉得“山的那一边更精彩”，是全人类共有的天性。但这种天性很容易让我们一边批评现状，一边对那些努力改变现状的人视而不见。比如，我们在追捧德国和日本的工匠精神时，却往往忽略了自己身边那些具备工匠精神的一线劳动者。当各界人士畅谈怎样从“中国制造”转变为“中国创造”的时候，一线技术工人很少明确发出自己的声音。因为他们的工作性质决定了他们难以得到高关注，而职业习惯决定了他们更喜欢做却不太爱说。

幸好八集专题片《大国工匠》把我们的目光从遥远的海外拉回到了国内。这部片子的热播，让观众重新认识了“中国制造”背后的这个特殊群体，也重新认识了什么是工匠精神！

《大国工匠》节目制作组定下这个选题的初衷，正是想引起社会对技术工人的重视，寻找隐藏在中国各行各业内的工匠精神。为此，节目组特意挑选了八个不同行业的一线技术工人作为“大国工匠”的代表。

这些工匠中有人从事的是尖端的航天航空工业，有人则是古老的传统手工业的继承人。他们并不全是领导或项目负责人，却都有着令人惊叹的高超技艺，足以代表我国在某个领域的最高水平。

什么才是工匠精神?《大国工匠》里的故事将其生动地描述了出来。

中国航天科技集团公司第一研究院211厂发动机车间班组长、国家高级技师高凤林，是《大国工匠》第一集的主人公。大名鼎鼎的长征火箭的发动机，就是他和他的同事们焊接的。

许多人可能在街边的铝合金窗门店见过焊接，觉得这门发端于19世纪末的工业技术并不是非常高端大气上档次。但就算是最高精尖的航天技术，照样也离不开焊接技术。

火箭系统的各组部件都对精密度有着极高的要求。哪怕一丝一毫的差错，都可能让上千人共同协作并斥资几十亿美元的多年心血打水漂。例如在太原卫星发射中心的某次火箭发射之前，火箭动力系统操作手发现点火药盒的重量偏轻。点火药盒出误差，火箭的三级发动机将不能启动，卫星就无法准确地进入轨道。发射总指挥果断派技术工人去检查，点火药盒比正常标准轻了4.5克，是因为没有装药。若非操作手及时发现，就会酿成中国航天史上的一次重大失败。

如果焊接工作做不好，造成的隐患比点火药盒少装4.5克药要严重得多。由此可见，火箭发动机焊接技师的技术与责任心足以影响数十亿美元的效益。

焊接在制造业只是一门看似简单而实际要求极其严格的技术，而在航天工业已经可以称之为艺术。因为火箭发动机上每个焊接点的位置、角度、轻重，技术工人都得经过精心思考后再出手。

航天设备制造要求失误率为零，没有扎实的基本功与一丝不苟的性格是无法完成的。

高凤林自从入行以来就勤学苦练，用心琢磨每个技术动作的细节。动作不合理，呼吸太重，眨眼太多，都会导致焊缝不均匀。高凤林从姿势到呼吸不断入手，寻找最佳方式。他为了不在焊接时漏掉细微的焊缝，还练就了十分钟不眨眼的能力。

就这样，高凤林坚守岗位35年，次次都是最后一个离开车间，亲手焊接了130多台长征系列运载火箭的发动机。正是因为像他这样的一线技术工人敬业地完成了一个个焊接点，才让众多院士、教授、高级工程师共同研制的火箭从蓝图变成了实物，最后成功升进太空。大国工匠的荣誉，他当之无愧。

什么是工匠精神？我们从《大国工匠》第一集中不难发现“工匠精神”中包含的四个关键词：

关键词1：专注

火箭发动机焊接的精密度要求高，没有高度专注的注意力，是无法确保准确无误的。在高强度的作业过程中要保持一丝不苟，不能漏掉任何一个细微之处。眼睛里只有要焊接的点，脑中所想唯有每个焊接点的最佳位置与角度，以及恰到好处的焊接力道。

当一个人的心力集中在一个点上时，就可以释放出巨大的能量。但并不是每个人都能进入这种专注的状态。这就是普通人与大国工匠之间的差距。普通人觉得难以保持专注，是因为心思太杂，关注点太多。大国工匠心无旁骛，故能不被琐事分神。

关键词2：坚守

高凤林在一个岗位上坚守了35年，其实他并不是没有跳槽的机会。曾经有许多企业看中他的精湛技术，用高薪与大城市住房来招揽高凤林。高凤林虽然有过一瞬间的动心，但最终还是婉拒了那些企业老板的好意。因为他热爱自己从事的航天事业，愿意为之奉献一生。

舆论经常批评当代社会充满浮躁之气，表现之一就是人们很难长时间坚守某样东西，总是游走于不同的行业与不同的单位。尽管这种自由流动在市场经济环境下无可厚非，也有利于提高人力资源的优化配置，但从个人发展的角度说，没有一个愿意为之坚守多年的事业，我们就很难把自己的潜力发挥到极致。

关键词3：卓越

一名优秀的焊接技师在纸一般薄的钢板上焊接都不出一丝漏点，可以把焊接密封精度控制到一根头发的五十分之一那么小。而火箭发动机一个焊点的宽度仅有0.16毫米，完成焊接允许的时间误差仅为0.1秒（恰好是人的反应时间极限）。要求如此严苛的精密技术活，全中国没几个人能做到。

发动机是火箭的“心脏”，是一种结构非常复杂的技术设备。以“长征五号”火箭为例，别看它的发动机喷管外观很大，管壁厚度其实才0.33毫米，上面还有几百根毫米级大小的空心管线。要把这些空心管线编织在一起，需要技术人员进行多达三万次以上的精密焊接。焊缝只能有头发丝那么细，完成全部焊接的长度相当于绕标准足球场两圈。

了解了这些，你就不难明白为什么53岁的高凤林被誉为中国航天界的“火箭发动机焊接第一人”了。

关键词4：自豪

如今很多职场人士都有这样一种心理——觉得没有成就感。换言之，他们不为自己的劳动成果感到自豪。当你否定自己耗费心血做出的成绩时，你已经与工匠精神相差十万八千里了，这是普通人与大国工匠之间的又一个差距。比如，高凤林不愿离开航天工业最主要的原因是，在别的行业找不到航天人特有的自豪感。

高凤林每次下班离开车间时，都会仔细检查自己与同事们焊接的元件。这些亮闪闪的元件在他眼中如同金娃娃一般宝贵。每当自己亲手焊接过发动机的长征系列火箭把卫星送上太空时，高凤林都会不由自主地感受到身为航天人的自豪。对于大国工匠来说，这是任何金钱都买不到的荣誉感，值得自己骄傲一辈子。

上述四种品质的总和，只是工匠精神的某个层面的解读，却足以让世人受益终身。

长期以来，我们都在关注着“中国制造”的喜与忧，却忽略了那些默默无闻的“大国工匠”。他们始终在以自己的努力把中国逐步打造成“世界工厂”的“大国工匠”。而我们身上缺乏的工匠精神，早已是他们贯彻到工作生活中的优良习惯。

《大国工匠》节目制片人岳群说：“我们希望通过节目，让工匠精神在全社会形成一种共识，使其成为中国制造的内在支撑。中国制造业有很厉害的一批人，但他们不是多数人。我们期待有一天，我们也能在制造洗衣机或手机的领域，找到这样的大工匠。”

从引起舆论对工匠精神的关注来说，《大国工匠》这部专题片已经获得了成功。但弘扬工匠精神之路，还需要我们抱着踏上两万五千里长征的觉悟去做。

平凡的岗位，卓越的成就

我国大约在战国至秦汉时期完成了从青铜文明到铁器文明的过渡。这是一个科学技术取得飞跃性突破、各种伟大工程层出不穷的时代。工匠阶层在这次文明升级活动中居功至伟。比如，至今造福成都平原的都江堰水利工程、被誉为世界第八大奇迹的兵马俑、让考古学家惊叹不已的青铜长剑，都出自秦代工匠之手。你可能不知道他们的名字，却会对他们的作品产生由衷的敬意。

这些未被载入史书的平凡人物在秦国统一天下的进程中发挥了重大的作用。是什么力量让他们在平凡的岗位上创造出如此卓越的成就的呢？

考古学家发掘出来的秦朝竹简，记录了当时社会的大量信息。据出土秦简中的法律文书显示，秦国是个极度推崇技术与工匠的国度，对官营手工业的管理比我们想象的更为完善。

秦国官营手工业大体分为三个管理层级：工师—丞、曹长—徒。

工师是手工作坊的领头人，相当于今天的厂长，不仅负责制订生产计划、监督生产流程，还有培训学徒的义务。工师的副手叫“工师丞”，“曹长”相当于车间主任，具体管理各班组的工匠。“徒”就是工匠，徒又根据工作经验分为新工（相当于实习生）与故工（老员工）。此外，秦国还设有监工，监工往往是郡县官员，甚至由百官之首的丞相来担任。

出土秦代器具与秦律表明，秦国器物有“物勒工名”的传统，都会刻上生产年份、制作单位、建造者的名字、工师的名字、丞的名字、负责制作这件器物的工匠的名字，以便明确追究各级责任。

比如，如果在年终考核中被评为最下等，相关工师被罚缴一副铠甲，丞及曹长罚缴一副盾牌，工匠罚缴络组（可能是某种纺织品）二十根。如果连续三年被评为最下等，工师罚缴两副铠甲，丞和曹长各罚缴一副铠甲，工匠罚缴络组五十根。按照当时的物价，罚一副盾牌的钱可以买六个多月份量的粟米。

假如不刻铭文会怎样？秦国的《效律》规定：凡是公家制作的器物不标明工师、工匠姓名的，官啬夫（主管部门的官员）要被罚一副盾牌。

秦国有一套严格的工匠教育制度。新手工匠的培养周期是两年，有工作经验的工匠则要学习一年，负责传授技术的是工师。新工匠在第一年的考核标准仅为规定产额的一半。到了第二年时，他要生产出与老工匠同样数量的产品。如果学徒提前毕业出师，上级部门会奖励工师。假如学徒期满还没学成的，工师要记名上报，会受到相应的处罚。

在生产管理环节，秦国工匠要遵守很多法律规章制度。比如秦国《工律》中有以下细则：每个工匠在制造同一种器物时，必须做到大小、长短、宽度都符合相同的规格。工匠记账时，不同规格的产品不准列在同一项中出账。

标准化生产是工业社会的特征，但两千多年前刚进入铁器时代的秦国还处于农业社会，居然有这么先进的工业管理观念，真是很了不起。

秦国还规定：县政府和工室（工匠作坊）每年至少要校正一次权、斗桶、升等衡器。各单位原本有校正工匠的就不必代为校正。此外，每个单位领用上述衡器时都要加以校正。这条法律是为了贯彻统一度量衡的精神，确保各单位使用的衡器精确度不超过法定误差。

为了避免原料浪费，秦国还在很多工序细节上做了细致的规定。

秦《司空律》提到：修缮马车时用的油脂和胶也是有规定的，用一两胶与三分之二两油脂；车辆开胶时要按照开离的程度来使用新胶；如果马车走不快，可以酌情加油脂。

《秦律杂抄》有规定：工匠选择筑墙用的立木时，把合格木料标为不可使用就罚缴两副铠甲。而且，工匠认为不可使用的木头，装设者经过申请后发现没问题的，要处罚那个认为不可使用的工匠两副铠甲。

以上介绍的只是秦国官营手工业管理的部分内容。无数秦国工匠就是在这些细密严格的法律督促下，刻苦学习技术，日复一日地以高要求打造标准化的器具。这在纯手工制造时代，并不是一件容易的事情。秦军士兵手中的武器，哪怕生产日期相隔十几年，规格依然一致。这都要归功于精密的手工业管理方式，以及广大工匠们的高超手艺与责任心。

人们常把秦国的强大归功于商鞅变法、重贤用能、国富民强、军队善战。其实，工匠阶层对秦国大业的整体贡献，不逊色于任何帝王将相。

我们无从知晓到底是谁制定了秦国军工生产的标准化规范，也无从了解秦国各时期的工匠研究出了哪些技术发明。但可以肯定的是，没有他们的执着探索，秦国不会取得对六国的技术优势。没有他们的辛勤劳动，秦国官府无法按质按量完成各种基础建设任务，秦军官兵也不会有精良的装备去冲锋陷阵。

士农工商，工排第三。虽然在某种程度上被视为当时社会技术水平的最高代表，但不如士人地位显赫，也不如表面上地位最低的商人有钱。明明是不可或缺的社会齿轮，却总是被人们当成熟视无睹的背景板。

这便是古代工匠的无奈。

由于古代史官往往以宏观角度叙事，能在二十四史中留下名字的能工巧匠寥寥无几。考古学家在出土文物中找到了不少工师、工匠的名字。但是，我们永远也无法知道他们的具体事迹。他们留给后人的痕迹，就是自己亲手精工细作的器物。这里面倾注了他们的心血与灵魂，代替他们在这个世界上继续展现秦代工匠的骄傲。

工匠精神的伟大，源于工匠本身的伟大。而工匠的伟大，恰恰在于不起眼的平凡。在平凡的岗位上，扮演好自己的社会分工角色，做好社会分配给自己的任务。工匠心中总是有一个大大的蓝图，知道自己负责其中哪一道工序，也明白自己所在的工序有什么意义。他们有着清晰的目标与规划，严密的团队协作纪律，踏实认真的办事态度，齐心协力完成同一个大目标。从这个意义上说，工匠人生是一种最明确、最高效的生活方式，也是一段始于平凡、追求卓越的旅程。

我们赞叹不已的各种文明奇迹，都是无数平凡工匠一起努力的结果。假如其中有人在某道工序上玩忽职守，任何“文明奇迹”都会落得个“千里之堤，毁于蚁穴”的下场。

人与人之间的配合默契能达到何种程度，一群有组织的普通人能在平凡的岗位上完成多么了不起的目标，古代工匠与现代各行各业的先进工作者都向世界展现了令人肃然起敬的答案。

泰山不厌微尘细土，故能成其大。平凡的岗位虽然像微尘细土一样

不起眼，但无数平凡的岗位交织在一起，就是生生不息的社会系统。

古代工匠以虔诚之心坚守在自己的工位上。他们并不因为自己非富非贵而舍弃对技术的迷恋，停止对传世精品的追求。从平凡的起点开始，沿着明确的蓝图步步向前，做好每一个环节，做人做事不图侥幸，挥洒一生来铸就辉煌。他们把生命力发挥到了极致，故而能留下岁月尘封不了的成就，以及世代不绝的工匠精神。

针对互联网时代的“精神补钙”

小米科技的董事长雷军将近几年流行的互联网思维的核心概括为七个字：专注、极致、口碑、快。不难发现，前三个关键词与2016年“两会”上提出的“工匠精神”在某种程度上相通，但最后一项却有背道而驰之嫌。

互联网时代是人类有史以来发展最快的时代。媒体热炒的互联网思维中包含了“迭代思维”，不断追求升级换代，尽快地推陈出新。这种看起来充满积极进取精神的观念有个很强的副作用——让人们越来越急功近利。大家倾向于走捷径，快速复制某个成功样板，不愿再静下心来踏实做事。

在今天，一个“慢”字，仿佛已经成了互联网时代的原罪。我们总是感叹人心浮躁，而浮躁的标志之一就是慢不下来。

互联网思维求快，工匠精神恰恰推崇“慢功夫”。

慢工出细活是众所周知的常识。越是品质高贵的东西，越需要花费更多成本，尤其是时间成本。虽然现代工业制造技术发达，生产效率高

到产能过剩，但高品质的个性化产品并不适合大规模标准化生产模式。品质越高越快不起来。互联网解放了消费者的个性，催生了越来越多的个性化与人性化的设计需求。互联网思维也高度推崇个性化消费模式，这就意味着企业必须绞尽脑汁提高产品的品质与特色。而要做到这点，又不得不回到“慢功夫”上。

当然，这里的“慢”只是相对而言。如今科技发达，个性化定制产品的制作周期早已大大缩短。但比起整齐划一的标准化产品，个性化定制产品需要花更多心思去精雕细琢，不能急于求成。故而显得节奏“慢”。

大家都知道瑞士钟表的精密度是很高的，人们往往也把瑞士人追求极致的理念视为工匠精神的代表。这其中有一个不容忽视的重要因素——瑞士人的生活节奏比我们慢得多。

2015年11月15日18时，北京三元桥桥梁整体置换工程顺利竣工，从开工到恢复通车只用了43个小时。记录这次施工的延时摄影视频，很快成为全球社交网络的热门话题。

不少外国网友都感叹这样大的工程在自己的国家起码要三年才能完成。

我国在这次桥梁整体置换工程中展现出的技术能力的确震惊了世界。但我们换一个角度就会发现，那些以工业技术著称的发达国家达不到“中国速度”，并不完全是技术存在短板，更多的是非技术原因。中国作为世界第一大发展中国家，生活与生产的节奏越来越快。而瑞士等制造强国，发展节奏早已放慢，与中国只争朝夕的姿态不可同日而语。

瑞士的日内瓦火车站花了将近五年才竣工，而地铁修了几年也没全部弄好。进展缓慢并非由于技术落后，而是因为施工计划有许多法律限制。

如施工的声音，施工的环境污染度，施工的时间长短。这样一来，瑞士工人就没法像中国工人那样高速施工，只能慢慢来了。

正是在这种慢生活的氛围下，瑞士工匠才能把“慢工细活”发挥到极致，创造出睥睨全球的高档精品。而在中国，互联网思维的“快”字诀已经深入人心，大家唯恐落后于时代发展，不敢放慢自己的脚步。这使得讲究“慢功夫”的工匠精神在中国没有普及。

然而，事物的发展都是辩证的。快节奏是互联网时代的基本特征，但对高品质的追求同样是互联网社会的内在发展需求。各国纷纷开发智能制造技术，试图将传统的标准化生产流水线改造成更灵活的智能化生产线，以满足大批量多种类的个性化定制需求。这与工匠精神追求更高品质产品的宗旨不谋而合。

现在的人虽然普遍比较浮躁，但同时也开始追求高品位。消费者希望获得精工细作的个性化产品，而这样的精品恰恰需要花费比“快餐型”产品更多的成本与时间来制作。

生产者求快，消费者求精，形成了一个难以平衡的矛盾。如此一来，粗制滥造的速成思想越来越难以赢得用户的口碑。唯一的破解之道，就是用工匠精神为浮躁的互联网社会“补钙”。

从某种意义上说，所谓互联网思维七字诀中的“专注、极致、口碑”，就是对工匠精神的一种借鉴。

工匠最令人着迷的就是不为外物所动摇的专注力，无论世界怎么变，都专注于自己选择的道路，专注于手中未完的作品。可以进度缓慢，但不可以半途而废。为了确保极致品质，甘愿不惜代价地反复实验，直到做出完美无瑕的作品为止。正是这些倾注爱心与诚意的精品，

树立起他们巧夺天工的口碑。

专注—极致—口碑，对于互联网思维来说是三个点，对于工匠精神而言却是一条层层递进的线。

互联网思维追求快速与灵活，所以更喜欢以点破面、以小成本博取大商机。无论它多么强调专注的态度，都只不过是把“快餐”做得更精细化而已。工匠精神则不然，更强调稳扎稳打的慢功夫，力求做好基础积累，实现技术含量与品质的整体提升。

比如工匠精神表现最突出的德国，拥有世界上最发达的制造业。德国企业并不像中国的互联网公司那么热衷跨界整合，而更强调专注于开发某个领域。与此同时，德国始终把质量放在第一位，在必要的时候甘愿牺牲速度。虽然这会在某种程度上降低效率，但绝对不会降低品质。

从长远来看，浮躁已经成为互联网社会进一步发展的瓶颈，而重新崛起的工匠精神是对互联网时代短板的有力调节。互联网思维与工匠精神恰如太极图的一阴一阳，相生相克，相辅相成。当两者融为一体的时候，无论是个人还是企业，甚至整个社会，都将上升到一个更高的层次。

误区：将工匠精神视为落后生产力的代名词

说起“工匠”，大家第一时间就会想到传统的手工业者。手艺人的技术再高超，也没能抵挡住生产流水线带来的历史洪流。传统手工业中的许多行业相继消失了。随着全球化与工业化的不断冲击，传统工匠的出路越来越窄。

老一代手艺人相继衰老，年轻人却不愿意做缺乏“效率”的手艺活。很多被选入世界非物质文化遗产的传统技艺，也因缺乏继承人而走向失传。

从这个角度来看，传统工匠注定要在推崇高效率的现代社会消亡。而他们身上那些精益求精、追求完美品质的“匠人精神”，仿佛沦为落后生产力的象征。

如果真是这样，我们学习“工匠精神”岂不是在开历史的倒车，现实意义又何在呢？

生产方式的变革必然会引发生产观念的变革。传统的思想精神只有适应了新的社会生产生活方式，才能得以继续传承，否则就会被新观念全面取代。这是不以人的意志为转移的社会发展规律。

尽管现代制造业代替了传统手工业，但工匠精神只会随着技术变革不断损益，而不会彻底消失。这是由未来个性化消费的社会需求与新兴的智能制造技术所决定的。

互联网与电子商务的出现，使得无数小众需求汇聚出规模效益，即所谓的长尾经济。如此一来，个性化消费需求日益上涨。比起大批量生产的标准化产品，做精做细的个性化产品具有更高的附加值，也更容易打开新市场。

传统手工业的优点是可以方便地制造完全符合客户要求的个性化产品，缺点是无法进行大规模标准化生产，效率非常低下。传统制造业恰恰相反，标准化生产效率极高，但生产的灵活性较差，不适合生产需求量较小但技术要求精细的个性化产品。两者各有优势，但前者需求小，后者需求大，不构成互补关系。面对消费者日益增长的个性化需求，传统手工业精雕细刻的产品又有了一线生气，但低下的生产效率依然制约着其规模。

工业4.0的智能制造技术，在很大程度上综合了传统手工业的灵活精细与传统制造业的生产效率。工厂可以用生产大批量标准化产品的规模来制造小批量多种类多批次的个性化产品，在把产品做精、做细、做出特色的同时，保持足够的规模效益。

也就是说，传统工匠精神最大的短板——规模效益在未来将随着工业4.0的普及而被克服。而传统工匠精神最大的优势——以人为本、精益求精、产品艺术化等品格将在先进技术的支持下，被发扬到一个新的境界。

所以，我们不应该把现代社会背景下的工匠精神简单等同于手工业时代的匠人精神。两者虽有很多渊源，但依附的社会经济基础不同，面对的社会形势也有很大差异。最简单的区别是：手工业时代的匠人精神只求精细不讲效率，可以花十几年甚至几十年做一样东西；而现代的工匠精神既追求极致的品质，也要求提升效率。如果说前者的精益求精是靠不计成本地投入心血，那么后者的精益求精更多的是靠技术上不断突破。

换言之，新时代的工匠精神只是反对社会上普遍的浮躁气息，但并不主张彻底抛弃快节奏的生产生活，而回归田园牧歌时代的慢节奏生产。

顺应潮流、积极求变是当代工匠精神的立足之本。如果不能领悟这点，机械照搬手工业时代的匠人精神，可能会陷入邯郸学步的误区。古人说："治世不一道，便国不必法古。"优良的传统自然要继承发扬，但不能适应现代生活节奏的东西，只适合远距离欣赏而不适合再用于实践。传统工匠精神也是如此。我们既要批判地吸收，更要积极为之注入符合时代潮流的新内涵。

那么，传统工匠精神有哪些精髓现在也通用呢？

第一，爱岗敬业。

工匠把工作看作是一种修行，甚至将其看作"人生"本身。热爱自己的工作，通过辛勤劳动把所从事的事业发扬光大。无论自己的收入是否最多，地位是否最高，都会为自己的劳动成果感到自豪。敬业精神存在的最大意义，就是保持对工作与生活的热情，从而焕发出更多的活力。

第二，专注而不浮躁。

这是现代人最缺乏的品质之一。荀子说："无冥冥之志者，无昭昭之明；无惛惛之事者，无赫赫之功。"这句话的大意是：人要能静下心来保持精神专注，这样才能做到头脑清晰、思虑明澈，从而正确地为人处事，进而建立功勋。凡是出类拔萃的工匠，人生关键词里都有一个

“专”字。当别人被蝇头小利或浮光掠影吸引时，工匠眼中和心里只有自己的目标。因专注而专精，因专精而专业，因专业而卓越。

第三，视品质为生命。

优秀的工匠是不允许自己出败笔的。因为工匠的作品不光是用来换取金钱的商品，更是倾注了自己心血的艺术品。艺术品岂能容忍败笔呢？对技术精益求精，对作品精雕细琢，不是为了用诚意之作换取“业界良心”的用户口碑，而是为了不愧对自己的“工匠灵魂”。

第四，不图侥幸。

工匠信奉一步一个脚印的踏实主义。任何花架子最终都经不起时间的考验，也抵挡不住硬功夫的冲击。工匠凭借高超的技术立身，无论是天赋异禀还是资质平平，都坚持不懈地训练，锲而不舍地积累。工匠一生中最重要的作品，就是他自己。自己不能成大器，又怎能制造出令人惊叹的国之重器呢？

上述四点，不分时代，不分行业，都是万法归一的。而现代的工匠精神还应该增加两个新内涵。

一是不断紧跟前沿知识的学习精神。

工匠为了追求更高境界，会终身保持学习心态，见证层出不穷的新事物，吸收不断升级的新知识。优秀的工匠心中都有自己完整的知识体系，同时还不断地完善这个知识体系。他们对自己的不完美之处心知肚明，于是把自我增值当成头等大事，以免自己从先进工作者沦为落后于时代的庸人。

二是创意至上的原创精神。

无论工匠在执行一道道工序时多么刻板，他们的脑子里都经常会蹦出一些新创意。历代工匠都是技术革新的先行者。工匠作业并不只是机械地重复一连串枯燥的工序，而是一种具有创造性的活动。没有原创精神的工匠，注定成不了什么气候。工匠会以不同常人的眼光来观察生活，发现大家没意识到的东西，这往往就是他们的创新点。一切都是为了“求道”，发现生活中的新问题，研究出解决新问题的新方法，进而找到开启新世界的大门。

总而言之，“匠心”与效率相互冲突的时代正在过去，未来的世界需要更多以工匠精神打造的极致产品。在新技术条件下，经过革新的工匠精神不再是落后生产力的代名词，而会彻底融入现代社会的生活节奏，焕发出耀眼的光芒。

练习：把工作当成一种使命

尽管媒体在热炒“工匠精神”的概念，但实事求是地说，没有使命感支撑的工匠精神都只是动听的空口号。

伟大的工匠无不把自己的工作当成一种使命。正因为如此，他们才会投入令众生难以置信的热情去发明创造，去建功立业。在使命感的驱动下，人类常常上演由弱变强、转败为胜的奇迹。比如富有工匠精神的德国人，就曾经以改变德国产品的坏名声为使命。

德国刚进入工业社会的时候，英美法等资本主义国家已经在全球市场中占尽优势。为了快速发展本国工商业，德国人也想以廉价的山寨产品来打开出口市场。

例如，当时英国谢菲尔德公司的刀具用铸钢打造而成，在市场上口碑最佳，价格也不菲。德国索林根城的刀具剪子制造商不仅仿冒了这个品牌，还伪造了英国“谢菲尔德”或“谢菲尔德制造”的质量检查印章。可是，德国的山寨产品是用铸铁打造的。尽管外形酷似谢菲尔德刀具，但锋利程度与坚硬度都不能与之相提并论。

那时的德国根本没有什么工匠精神，还被英国以商标法的形式打上了假冒伪劣的标签。为了缩小本国工业与发达国家之间的巨大差距，德国企业家纷纷到英国同行那里偷师。

例如，德国企业家阿尔弗雷德·克虏伯到英国伦敦参观英国钢铁厂。热情好客的英国企业家带他参观英国最新的钢铁生产工艺。他回国后把自己学到的先进技术用于莱茵河畔的工厂，即著名的克虏伯公司。

阿尔弗雷德·克虏伯立志要让德国的钢铁及军工行业达到世界先进水平。他多次去英国考察学习，引进先进的技术与企业管理办法。他认为，过硬的产品质量是赢得市场竞争的关键，而要做到这点就必须提高劳动者的素质。所以，他一面提高工人的福利待遇，一面推行极为严格的规章制度。

例如，在当时的克虏伯工厂，迟到5分钟的员工会被扣掉1小时的工资，这笔罚款会存入公司的疾病保险基金。严格的考勤制度与规范的操作章程，让德国工人把认真严谨的民族性格发挥到了极致。

随着不断发展，克虏伯公司优异的产品质量始终是其在业内的标签。到后来，克虏伯的军工产品成为德国制造业的一道标杆，西方发达国家都知道克虏伯的大炮质量名列前茅。连清朝洋务派官员都在1871年为水师与海防炮台订购了三百多门克虏伯大炮。

直到今天，由原德国蒂森钢铁公司和克虏伯钢铁公司合并而成的蒂森·克虏伯集团，依然在钢铁、汽车、电梯制造等多个领域处于世界先进水平。其生产的所有产品中有80%以上是高附加值产品，各项经济技术指标在世界钢铁企业中名列前三位，在多个领域雄踞榜首。

就这样，通过不懈地赶超，德国工业不再是假冒伪劣的代名词，反而成了全球制造业的楷模。德国人的工匠精神也由此成为各国学习的榜样。

毫不夸张地说，如果没有赶超发达国家的使命感，克虏伯公司不会在短短几十年中发展为名列前茅的钢铁军工企业。如果没有洗刷恶名的使命感，整个德国制造业也不会养成所谓的“工匠精神”。

真正的工匠精神，从来不会缺少使命感。甚至可以说，正是由于源源不断地注入了使命感，工匠精神才能成为工匠精神。

没有远大抱负，我们就不会像大国工匠那样以坚韧不拔的意志来克服种种发展中的困难。假如不是朝着一个崇高的目标前进，我们注定会养成得过且过的慵懒习性，无法保持足够的热情去开拓进取、求实创新。这就是使命感的现实意义，也是工匠精神的题中之意。

人活着总是需要一个精神支柱，不然很容易陷入悲观抑郁的苦闷中。每个人的精神支柱大相径庭。对于工匠而言，这个精神支柱就是爱岗敬业的使命感。

尽管谁都知道，做好自己的本职工作就是造福社会，就是为中华民族的伟大复兴添砖加瓦，但在现实生活中，大多数人都会觉得工作是枯燥乏味的，只是在被动地忍受工作。真正对工作如痴如醉的人非常少，除非把工作当成毕生追求的某种使命。否则的话，我们很难从本职工作中体会到崇高神圣的东西。

TWO

工作即修行，为自己的劳动成果骄傲

具备工匠精神的人热爱自己的本职工作，将事业与兴趣挂钩。“干一行爱一行”对他们而言绝非口号，而是活生生的现实。

工匠的敬业意识源于对事业的激情。因为热爱，所以愿意刻苦钻研；因为自豪，所以不为各种诱惑所动摇。他们只会为自己学艺不精而知耻后勇，不会否定自己工作的价值。具备工匠精神的人总是坚信自己的工作对他人对社会有很多益处，为此，他们会忘却工作的辛苦，在忙碌中保持一颗快乐的心。

工作习惯会深刻影响我们对世界的看法。大家总以为工匠在忍受常人所不能承受的艰难困苦。恰恰相反，工匠能在工作中找到许多乐趣，发现每一项工作中特有的闪光点。热爱事业的工匠，永远把自己当成工作的主人。

赚钱是手段，升值才是目的

西汉史学家司马迁说："富者，人之情性，所不学而俱欲者也。"意思是发家致富是人的天性，是不用刻意灌输就会产生的本能。

他还在《史记·货殖列传》中指出："夫用贫求富，农不如工，工不如商。"意即想要快速致富，务农不如做工，做工不如经商。虽然古代的手工业与现代的轻重工业完全不是一回事，但这条法则今天依然成立。

所以，你打算从事什么行业来发家致富呢？这个问题的答案，对于许多朋友来说并不好回答。

古代有三百六十行的说法，现代社会的组织结构复杂得多，行业类型也大大扩展。特别是某些行业发展成熟后，会衍生出许多细分的子行业。当然，行业随着社会的发展而出现，也会随着需求的降低而消失。无论怎样，整个社会是由各种各样的行业共同构成的。各个行业的有序发展是社会安定的重要保障。

尽管每个行业都有对应的社会需求，但有的社会需求量大而且缺乏

弹性，有的社会需求量小却比较固定。这就使得不同行业的工作收入水平参差不齐。

俗话说得好，人往高处走。没有人不想从事工作悠闲、待遇丰厚、前途无量的行业，当然，世界上不存在这种梦幻般的行业。通常而言，收入高的行业往往也压力大，前途好的行业总是岗位少。这就决定了只有少数人能得到令人羡慕的工作，绝大多数人只能从事次一等甚至条件更差的工作。你能否挤进眼下最赚钱的行业，取决于能否跨过各种各样的门槛。无数劳动者在经过激烈竞争后，最终会找到比较适合自己的位置。

这个世界上的理想工作并不多，很多工作并不能让从业者大富大贵。但作为一个自食其力的劳动者，做好本职工作就是在为社会服务，满足某种社会需求，奉献社会，然后获取社会的回报，维持自己的生存发展。这是工作的第一重意义。

通过工作接触更多的人和事，了解到更多的信息，学会更多的知识技能，从而对世界有更深入的认识。就这样，以自己为圆心，不断扩宽人生的边界，融入五彩缤纷的广阔世界，平安而愉快地度过一生。这是工作的第二重意义。

换句话说，不要把目光定位于比周围的人赚更多的钱，要放宽视野来看待生活。赚钱只是谋生的手段，从工作中实现自我升值，从而更加聪明而勇敢地经营好自己的人生，才是工作的最终目的。

当某个人觉得工作让自己不幸福的时候，十有八九是他把工作的目的理解得太狭窄了。我们常把功利心与进取心混为一谈。其实两者区别很大。功利心是一切向钱看，而进取心是一切向前看。前者追求的是金钱财富，后者追求的是自我升华。

古代思想家商鞅指出，“生则计利，死则虑名”是人们的天性，即人活着时会计算怎样从社会中得到更多的利益，还希望死后能留下一个好名声被后人铭记。说来说去，无非是要在短暂的人生中创造更多的价值，得到社会的认可。但是，在亿万人中能在历史上留下声名的很少，能被时人所熟知的同样不会很多。假如只是片面地把极少数名人、伟人当成唯一的成功标准，我们就会很痛苦，很焦虑。更重要的是，这很可能让你迷失真正适合自己的成长方向。

每个人都是一粒种子，可能长成参天大树，也可能长成小巧灌木。但无论是哪一种，都要遵循自己的成长规律，活出自己的样子。

进取心让你努力由弱变强，以长远的目光做踏实的事业。功利心则不然，会让你被短期的利益蒙蔽双眼，在不知不觉中做出杀鸡取卵、竭泽而渔的蠢行。因此，我们应该更新自己的观念——工作不仅是赚钱的工具，更是让你升值的重要途径。

在工作中，你能接触到无数专业知识，从而了解到自己从事的行业作为社会的一条“经脉”是怎样运转的。你会接触形形色色的人，然后学会怎样和不同的人打交道。保持足够的人际关系交往，是避免落后于社会形势的主要办法。当你在退休后回首往事时就会发现，自己身上的许多习惯是在工作中形成的，许多本领也是在工作中练就的。更重要的是，你那时的财富与地位都是数十年辛勤劳动积攒起来的。

对比一下尚未踏入社会的自己，你会发现自己在各方面都强大了许多。这些收益与经济收入一样，都是工作带来的。

那些认真对待工作，把工作当成一场生活修行的人，最终可以吃到更多工作带来的“红利”。而那些满脑子想着一夜暴富而不踏实工作的人，与虚度光阴也就只差一层窗户纸。因为他们并没有真正借助工作来

提升自己的能力与素质，浑浑噩噩一辈子都在原地踏步。同样拥有几十年光阴，不断升值与原地踏步之间的差距会越拉越大。

最终，原地踏步者甚至无法像流星那样释放出匆匆一闪的光芒。而不断追求自我升值的人，虽然不一定能成为各行业的佼佼者，但终其一生都在享受成长的快乐与自豪感。

爱上工作，生活更有乐趣

创造福尔摩斯这个经典角色的作家阿瑟·柯南·道尔，曾经写下这样一句话——“人类是渺小的，工作才是一切。”

这句颇带工作狂色彩的话，对于工匠来说恰如其分。两者的区别在于后者热爱工作，而前者把工作当成生活的包袱。

什么是幸福？怎样才能获得幸福？这个课题争论了几千年都还没有定论。但我们反过来看就会发现，在工作上不如意的人往往也处理不好亲情、友情、爱情的关系，让家庭生活只剩下迷惘、争吵与沮丧。这样的人肯定过得不幸福。

不是所有的人都对自己的工作感到满意。但相对而言，热爱工作的人基本上都能比讨厌工作的人获得更高的成就。因为人会为自己所钟爱的事物投入超乎想象的力量。

工匠可能是世界上最热爱自己工作的人群之一：他们乐于把自己的奇思妙想化为巧夺天工的作品；他们相信自己的工作对大家有着不可或缺的重要意义；他们觉得自己的工作是一项了不起的事业，而从事这项

工作的自己应该高昂着头大步向前。

正是由于怀着对工作的满腔热爱，工匠才能以超乎寻常的激情与毅力来挑战各种复杂而烦琐的任务，铸就那不因岁月流逝而失色的业内传奇。

一位热爱工作的工匠，究竟能活出什么样的夺目光彩呢？有“中国南车技能专家”美称的南车青岛四方机车车辆股份有限公司车辆钳工高级技师宁允展，给我们做出了很好的示范。

宁允展初中毕业后，考上了铁路技校。在中国的社会主流观念中，技校的地位远不如大学。但出身工匠家庭的宁允展热爱技术工人的工作，对自己的未来也有着清晰的规划。事实证明，他选择了最适合自己的道路，也走出了一片天地。

刚开始，宁允展只是一名再普通不过的车辆钳工，但他爱岗敬业，不仅刻苦钻研钳工技能，还自学了焊工、电工的本领。这使得他很快成了中国南车集团有名的高速列车转向架生产的“多面手”。

宁允展不仅始终坚持认真严谨的工作原则，还经常突破常规，琢磨更好的技术方法。这两种典型的工匠品格，为他后来的发展起到了至关重要的作用。

2006年，南车集团引进日本的列车转向架研磨技术，需要挑选一名技术工人学习。一直对工作热情满满的宁允展脱颖而出，成为第一位学习380A型列车转向架研磨技术的中国人。经过刻苦钻研，宁允展很快就掌握了这门要求极为苛刻的技术，连日本专家都不禁对他竖起了大拇指。

经过这次培训，宁允展成了南车集团的高铁研磨第一把手（实际上也是全中国在这个领域的第一工匠）。没多久，他当上了班长。但他很快又向领导请求解除班长职务，因为宁允展对管理不感兴趣，希望继续做自己最擅长的技术活。这个看起来有点冒傻气的决定，恰恰反映出宁允展对技术的热爱。

大家都知道，技术岗位与管理岗位的要求差别很大，管理才能与技术才能是两种不同的能力。一个人在管理上投入的精力越多，在技术上能花费的时间就越少。

宁允展的志向是在技术领域成为专家中的专家，所以为了能一心一意搞好技术放弃了升职的机会。这种把兴趣爱好放在名利之前的做法，也是工匠精神的一大特征，其中的动机无非是对工匠岗位割舍不掉的热爱。

尽管放弃了管理岗位，但宁允展没有放弃更高的事业追求。只不过，他追求的不是职位步步高升，而是在技术创新上做出更大的贡献。

高铁列车是一款技术含量极高的产品，零部件维修工作也对技术工人们提出很高的要求。比如，转向架检修加工部位就非常容易出现损伤，这种加工件的价格超过万元，修复精度要求高、难度大，每次损伤都会给集团带来不少维修成本。这是全行业公认的技术难题。

没有成熟技术可借鉴，也没有同行先例供参考。但酷爱钻研业务技能的宁允展绞尽脑汁创造了一套独特的“精加工表面缺陷焊修方法”。这项新方法能让加工件的最高修复精度达到0.01毫米，实现有效还原。

因为新工艺的技术含量很高，所以中国南车集团将宁允展发明的新工艺评定为集团级别的“绝招绝技”。

除此之外，宁允展还利用业余时间琢磨出了“折断丝攻、螺栓的堆焊取出”操作法。这种操作方法适用于一切具有螺纹孔的产品，很快成为高铁行业公认的必备技术。

由于多次解决公司的生产制造攻关课题，宁允展被南车集团视为提高产品质量的大师级人物。

更难得可贵的是，宁允展不仅自己不断学习，还把研究出来的新技术教授给广大同事。他多年来培训的技术工人中，有1人成为高级技师，2人成为技师，5人成为高级工，2人成为中级工。这些工匠都成长为南车集团生产一线的骨干。

正是凭借这些出色的成就，宁允展被《大国工匠》节目制作组选为大国工匠的代表之一。

从宁允展的故事中，我们不难感受到他对工作的热爱，也不难体会到他对生活的激情。

人如果想过得幸福，就需要拿出一种饱满的精神劲来处理工作与生活。那些厌倦工作的人，往往精神萎靡不振，从而事事不顺，这种不顺又反过来让他们进一步精神不振。当一个人能充分感受到生活的乐趣时，他一定会像工匠一样斗志满满地挑战困难，勇攀高峰。

怎样才能让生活充满乐趣呢？最起码，你先得爱上自己的工作，真心诚意地往自己从事的行业中投入热情。

虽然工作不是生活的全部，但你每天花在工作上的时间与精力几乎占了整个非睡眠时间的一半以上。从这个角度说，你在这一大半时间内的精神状态，决定着你一整天的幸福感多少。

热爱工作的人往往比较幸福。因为他们在一天中最多的上班时间内保持着激情，而在更轻松的下班时间里可以心无挂碍地休闲娱乐。他们不担心自己的未来，也清楚自己想要的东西能通过何种途径得到。故而不会为个人前途而胡思乱想，有更多的心力去品味生活的乐趣。

工作是一场关于人生的修行，它不仅会为你提供经济来源，教会你种种立身之技，还考验着你对生活的态度。那些身怀工匠精神的人，在这场修行中会活出真正的自我，最终变成自己曾经仰慕的样子。

爱上工作吧！你会发现生活比以前更有趣了。

告别“上班奴”心态

广大上班族每天一睁眼就觉得“累”，很不情愿地爬起来走向工作岗位。互联网上曾经流行一种“咆哮体”，各种业内人士编写这种网络恶搞文体来抒发本职工作中令人心烦意乱的点点滴滴。尽管不同行业的“咆哮”内容千差万别，却殊途同归地存在着“上班奴”心态。

“上班奴”一词最先出现在畅销书作家陆琪2010年的作品《上班奴》中。书中提到了25种“上班奴”特征，说的都是上班族普遍存在的消极心理。

简单说，“上班奴”就是那些觉得事业不顺利、生活很痛苦的上班族。他们基本上不喜欢目前从事的工作，缺乏明确的人生目标与职业规划，对未来充满了迷茫。把自己看作是工作的奴隶，觉得自己的人生被工作束缚是“上班奴”的本质特征。于是，“上班奴”一方面对工作充满了厌倦，另一方面又无法真正摆脱工作。进退维谷，两面煎熬，从而陷入更大的痛苦。

毫无疑问，“上班奴”心态与我们推崇的工匠精神不合，甚至背道而驰。

其实，兴趣是最好的老师，也是最好的监工。当你对工作充满兴趣时，热爱之情会驱使你主动为之尽心尽力，甚至掏心掏肺。

《大国工匠》专题片是能工巧匠真实的生活写照。高凤林、孟剑锋、顾秋亮、胡双钱、张东伟、周东红、宁允展、管延安八位从事不同行业的大国工匠，各有自己的一手绝活，但他们无一例外地热爱自己的工作，丝毫没有“上班奴”那种成天唉声叹气、要死不活的萎靡怠惰之心。

不妨来做几组对比，看看“上班奴”心态与工匠精神之间有哪些鸿沟：

第一项：对工作与命运的认识

工匠认为做好工作就是把握自己的命运。他们不计较起点高低，只是执着地凭实力开创属于自己的辉煌。“上班奴”觉得自己再努力也不过是替别人做嫁衣。

第二项：对能力与机遇的认识

工匠信奉实力至上原则，以提升自身能力为增值方向，认为没有能力就无从把握好随时可能出现的机遇。“上班奴”则不然，总觉得别人的成功只不过是靠着机遇好（比如有后台、有背景、有“狗屎运”），自己只是缺少机会，而不去正视个人综合素质上的短板。

第三项：对“说”与“做”的认识

工匠大多是技术出身，会养成多做少说的习惯。在现代商业社会中，不善于“说”就不能充分展现自己的价值，这算是工匠的一个短

板，但技术领域的特殊性决定了他们的业绩来不得半点花架子，会做比会说更为根本。“上班奴”则走向了反面的极端，推崇“做得好不如说得好，说得好不如夸得好”的小聪明。

第四项：对现实与理想的认识

工匠的人生大多比较纯粹，兴趣爱好与本职工作基本重合，不会产生“每天为忙而忙，与当初的理想越来越远”的焦虑。所以他们可以专注地朝着自己真正的理想坚定不移地走下去。而“上班奴”心态的诞生根源恰恰在于现实与理想的落差，他们最初的梦想要么是不切实际的空中楼阁，要么是需要付出很大代价才能完成的高难度任务。“上班奴”无法做到又不甘彻底割舍，内心撕扯成两半，是为痛苦之源。

第五项：对奉献与回报的认识

工匠往往是务实的理想主义者，普遍有着为事业奉献一生的高远志向。他们自然也会计较利益回报问题，但除了金钱物质激励外，他们更在意的是荣誉感与成就感。投入一项伟大的事业，为之奋斗一生，最终得到社会的认可，以及与之付出相称的回报，这是所有大国工匠的共有情怀。而“上班奴”最看不惯的就是工匠身上的这种奉献精神。“上班奴”骨子里是精致的利己主义者，满脑子都想以投机取巧的办法博取更多的回报，而不思付出足够多的努力。

由此可见，一个抱有“上班奴”心态的人，根本不可能理解工匠精神的意义，也不屑于去学习其优秀品质。总之，想要真正理解借鉴工匠精神，克服“上班奴”心态是必要的前提。

每一份工作都存在闪光点

每个行业千差万别，劳动强度与待遇不同，对人才的要求各异。客观上存在普罗大众眼中的“好工作”与“坏工作”。但是，每一种工作都存在自己的闪光点。只有真正热爱本行的人，才能发现这些闪光点，从中获得更多乐趣与感悟。

想要真正学好工匠精神，不能寄望于看几篇社评或听几次讲座。最关键的是，你应该像大国工匠们那样真正发现本职工作中的闪光点，从而明白自己的汗水与心血对社会并不是可有可无的。尊重自己的劳动，才能对工作抱有虔诚之心，才能用实际行动改变生活。

我国早已成为“世界工厂”，但我国消费者自己却还抱着“中国货便宜，外国货好用”的陈旧观念。特别是日本电饭煲，在一些人的朋友圈里都说比国产电饭煲煮出的米更香。

这在格力集团董事长董明珠女士看来，简直是“中国制造”的耻辱。于是她给格力集团的工程师们分配了一个新任务——研制出煮饭比日本产品更好吃的电饭煲。

2016年3月8日，格力集团在北京举办了“董明珠自媒体上线暨格力大松高端电饭煲万人体验行动”新闻发布会。这次活动最大的亮点就是“试吃”。

工作人员在一个个白色四格的小餐盘中盛上了四勺白米饭，分别标注为A、B、C、D。四勺饭分别由格力大松电饭煲与另外三类中国游客热购的外国电饭煲煮出。董明珠邀请现场的嘉宾、记者进行盲测试吃，在不知道哪勺饭出自哪个电饭煲的前提下，评选出其中最好的一勺。

为了确保公平，这些白饭出自同一批大米。此外，格力大松及另外三款外国电饭煲采用了相同的加热方式、IH段数、容量、米量以及水量。也就是说，最后决定米饭味道优劣的是电饭煲技术。

现场58人试吃后，用舞台两侧的二维码进行扫描投票。A锅的米饭得了8票，占比13.8%；B锅的米饭得了14票，占比24.1%；C锅的米饭得了5票，占比8.6%；D锅的米饭得了31票，大约占比53.4%。高票胜出的D米饭正是由格力集团新推出的格力大松电饭煲煮出的。

事实证明，在没有先入为主观念的影响下，中国消费者更喜欢国产电饭煲煮出来的米饭。传说中能把饭煮得更好吃的日本电饭煲，并没有通过盲测。

有趣的是，研发小米手机的小米公司，也在2016年3月底推出了生态链品牌“米家”的首款产品——米家电饭煲。米家电饭煲也和格力大松以及日本的电饭煲一样，采用国内尚不普及的IH加热模式。雷军在新闻发布会声称：“想做更好的电饭煲，然后卖到日本去。”没想到，日本一家电视台居然也为此组织了一次街头小调查。

这家日本电视台在中国街头请过路的行人试吃米家电饭煲与日本电饭煲煮出来的饭，也是采用盲测的方式。尽管这次街头盲吃测试仅有十人参与，但其中有六个人认为米家电饭煲煮出来的饭更香。

由此可见，日本电饭煲煮出来的饭更好吃的说法有所夸大，主要是因为国产的IH电饭煲品牌比较少（但IH电饭煲已经占了中国40%的市场份额）。而现在，格力大松与米家两款国产IH电饭煲在盲吃测试中的表现证明了国货的实力。

董明珠策划这场特殊的试吃大会，源于2015年3月份时媒体报道国人掀起到日本抢购电饭煲的热潮。当时正值全国两会召开，记者们在路上围住全国人大代表董明珠追问："为什么中国人争着去日本买电饭煲？"董明珠当时的回答是："因为国人不自信。"事后她说："我特别生气，也很悲哀，中国人没理由连个电饭煲都做不好。"

"好空调，格力造"是脍炙人口的广告语，这短短一句话体现出格力集团上下信奉的工匠精神。

试吃大会是在董明珠被记者追问的第二年进行的，但格力生活电器研究院开始研制IH电饭煲的时间更早。媒体报道让格力的工程师们大受刺激，憋着一股劲要研制出超过日本产品的国货。

工匠崇尚用实力说话。强烈的工匠自尊心只是初始动力，决定实力的是认真严谨的科学态度与不达目的不罢休的钻研精神。

格力电器工程师孔进喜入职格力集团的四年中，与另外三位研究生组成了一个研究小组。这个小组在四年里只做了一件事——不停地煮饭。每天用电饭煲煮不同的米，试验不同的水量，以便找出改进口感的办法。三年时间，研究小组用掉了4.5吨20多种不同品牌的大米。

这个四人小组只是格力电饭煲研发团队数百人中的一个小小的分支。通过几百名研究人员的努力，格力电饭煲从内到外的每个技术细节都经历了成百上千次的实验。在研制过程中，光是模具费用就耗费了几百万元，这还不包括团队组建与实验设备之类的投入。

格力电器技术部的工作人员指出："IH电饭煲的盒盖缝隙要减小0.1~ 0.2毫米，那么减少的缝隙会分摊到每一个零件上，有的外协厂整改速度不够快，跟不上我们对参数提出的统一优化要求，合格率会大大降低。"为此，格力集团不断更换合作厂商，为的只是造出经得起检验的"好产品"。

由此可见，若不是有格力集团工程师精益求精的钻研精神与技术能力撑腰，董明珠也不会召开这次特殊的试吃大会，自信满满地为国货正名。

在科技高度发达的今天，像电饭煲这样的家用电器并不是什么高精尖的东西。但具有工匠精神的产品研发人员依然以树立优秀民族品牌为宗旨，以超越国际先进水平为目标，挑战广大消费者的成见。

董明珠说："在生产的过程中，到成品的过程中，你的产品和你的生产过程都应该有那种工匠精神追求完美的精神。如果没有工匠精神，马桶盖事件就不能杜绝。只有具有了工匠精神，我觉得中国人去日本抢购马桶盖可能不会发生。"

格力工程师团队中的每个人分工不同，却能以同样的认真严谨态度为同一个目标服务。哪怕是看起来单调无比的煮饭实验，也用心尽力去好好完成。由此可见，真正的工匠不会轻视任何工作，只会把每一项工作的闪光点发挥到最大值。

再好的工作也有让人厌烦的困难，再平凡的工作也有让人欣慰的闪光点。一边感叹"工匠"们能在平凡的岗位上创造卓越的成就，一边又觉得自己的工作没什么积极意义。这是最短视的想法。因为任何工作的闪光点，都是通过你力争上游的干劲而被点亮的。如果想让大家敬佩你的工作，就应该像工匠一样昂首挺胸，自信满满地勇往直前，让自己在任何方面都有一争高下的豪气。

误区：否定自己工作的意义

想要摆脱平庸吗？那就努力去工作吧！工作不仅能为你带来金钱与衣食，还能让你接触到世界的更多角落，助你获得荣誉与地位。唯有努力工作，才能激活你的潜力，让你为社会创造更多价值。到了功成名就的时候，你回首往事，会为自己没有虚度光阴而欣慰，为自己不是碌碌无为而自豪……

想必不少人会对这些话不以为然。因为，大多数人觉得工作比生活更枯燥，除了累就是烦，看不到什么光明的前景，也感受不到大众的尊敬。说来说去，无非是觉得自己的工作只是为了混饭吃，对社会没有什么意义，可有可无。

为什么今天的人普遍缺乏“工匠精神”？因为我们太喜欢否定自己工作的意义，根本没法像工匠那样干一行爱一行钻一行，为自己的劳动成果感到由衷的骄傲。

有些人喜欢否定自己工作的意义，未必是那份工作真的有多么不堪，更多时候是攀比心在作怪。

一个年薪10万的人，看到身边有人达到年薪20万时，就会觉得自己的工作没有别人好。殊不知，年薪20万的人压力更大，实际工作量可能是前者的三倍。不同类型的工作在内容与待遇上的差异是客观存在的。但怎样看待这种差异，对自己的工作与人生做出中肯的评价，又是另一回事了。

其实，具有工匠精神的人才不会因此怠慢所谓的“不好的工作”。他们知道每个人都是社会的零件，都有着不可或缺的存在意义。无论在哪个层次的岗位，做好自己该做的事情，就是对社会的极大贡献。况且，有为才有位，不热爱自己的岗位，不肯在平凡之处奋发有为，你根本不可能脱颖而出。

有上进心自然是件好事，但把攀比心错当成上进心就不是好事了。上进心是健康的竞争意识，不断向优秀的人看齐，不断提高自己的水准。最重要的是，始终保持对生活的热爱。无论从事什么工作，都不否定自己努力的意义。

如果用一句简单的话来概括工匠精神，“爱岗敬业”四个字也许最恰如其分。

有人把工作定义为“事业”。把工作看作是事业的人会像古代石匠一锤一凿地刻出龙门石窟那样，虔诚地做好每一项工作内容。

谁都不会把一件自己尊敬不起来的工作当成事业来做。人只会为自己真心肯定的事物呕心沥血。正如工匠不屑于做自己讨厌的东西，心中只有那些想起来就会激动不已的伟大作品。因为虔诚，所以认真。一丝不苟，精益求精，全都是为了让自己的劳动成果能经得起岁月的考验。

因此，无论怎样定义工作，最关键的还是“爱”和“敬”两个字。

热爱是一种令人意气风发的热情绪，能让你不断鼓足勇气，面对一切困难。恭敬则是一种令人踏实沉稳的冷情绪，能让你不敢以敷衍马虎的态度去对待一切工作。这一热一冷两种情绪融合在一起，足以释放出超乎我们自己预想的精神力量。伟大的工匠之所以能兼具冰山一般的冷静与火山一般的热情，归根结底就是因为对工作与事业又敬又爱。他们坚信自己在铸就辉煌，也不允许自己半途而废。从平凡的岗位起步，不断精进，一路前行，百折不挠，务求让自己发挥出最大的价值。

其实，爱岗敬业表面上是把感情倾注在工作上，其实换个角度看，你敬爱的不只是自己投入心血的事业，更是那个对生活充满干劲的自己。

练习：你的工作习惯对生活有哪些影响

“职业病”不是病，但发作起来有时会让人忍俊不禁。隔行如隔山，有些事在同行眼中再正常不过了，但在其他人眼中看起来却非常有趣。比如，有位警官与一群法医聚餐时，发现法医们把吃剩的鸡骨头拼起来，还煞有介事地分析这只烤鸡的“尸检结果”……因职业形成的特殊趣味，就是人们常说的“职业病”。

说白了，“职业病”就是工作习惯延伸到了工作外，从而影响到生活的方方面面的现象。每一种工作都有自己的特点。当一个人长时间从事某种职业时，会不可避免地养成相对固定的工作习惯。积极的工作习惯会让你的身心成长，逐步完善自己的不足之处。而消极的工作习惯则可能让你陷入误区，日子越过越吃力。

在工作过程中，工匠最忌讳八种不良风气：

（1）怠慢——敷衍了事，缺乏责任心好；

（2）心散——精力过于分散，逐二兔者不得其一；

（3）粗疏——凡事马马虎虎，只要差不多就行；

（4）犹疑——不能坚定目标，经常半途而废；

（5）厌学——不爱学习，不爱动脑；

（6）浮躁——不肯做见效慢的必要工作，总想一炮走红；

（7）懒惰——所有工作的公敌，让人一事无成的罪魁祸首；

（8）无信——不把信用当回事，不遵守约定。

任何有头脑的老板都不会喜欢这样的员工，任何有头脑的客户都不会喜欢这样的专业人士，任何有头脑的合作方都会果断解除与这种人的合作关系以避免无谓的风险。显然，这些坏习惯会让你在工作上一事无成。

英国心理学博士杰里米·迪安曾在其著作《习惯：改变命运的关键力量》中指出，有些简单的习惯大约三周之内就能养成，另一些习惯却要几个月甚至几年才能真正融入我们的日常生活。不幸的是，坏习惯基本属于前者，而好习惯几乎都属于后者。这使得我们不得不花更多力气去培养好习惯，只是大多数人会半途而废，最终任由一到数种坏习惯主宰自己的人生。

再伟大的工匠也不是天生的圣贤，他们同样可能存在上述的不足。但不同于大部分人的懈怠，具有工匠精神的人会不惜代价克服自身的缺点，把自己从生铁锻造成好钢。

中国交通建设集团港珠澳大桥岛隧工程V工区航修队班长管延安，是《大国工匠》专题片的主人公之一。他有幸参与了港珠澳大桥这个集桥、岛、隧为一体的超大型跨海通道的修建工作。

港珠澳大桥最核心的岛隧工程只允许一毫米以内的误差。这是世界上第一条海底深埋沉管隧道，不容忍任何失误，只有最顶尖的工匠才能完成

标准如此苛刻的超级工程。管延安也曾在这座桥上栽了跟头。

2013年，港珠澳大桥岛隧工程建设项目向全国招募钳工。在青岛航修厂任职的管延安闻讯后报名参加，被分配到链接两个人工岛的5664米海底沉管隧道工作，主要负责海底沉管二次舾装、管内电气管线、压载水系统等设备拆装维护及船机设备维修保养等事务。他信心满满地挑战这个世界级难题，结果一出手就碰了壁。

航修队负责把上千条各式各样的管线从沉管里接通到“津安3”指挥舱控制中心，每条线路必须精确地接到位，否则控制中心就无法精准地控制沉管对接。

刚开始，管延安以为工作内容没什么新鲜的，思想有些松懈。结果在第一节沉管的二次舾装作业中，一个刚安装好的新蝶阀发生渗漏现象。事后，管延安认真吸取了教训，无论是新蝶阀还是重复利用的蝶阀，都坚持逐个进行不少于30分钟的试压检查。就这样，他与航修队的同事们小心谨慎地奋战了三个多月，顺利地将第一节沉管安装完毕。

由于之前的教训，管延安对工作的要求更加严格了。与他同班组的工匠们说：“管师傅上个螺丝都要检查三遍。”而管延安对其他同事最常说的一句话就是“再检查一遍”。

这种严谨的作风使得接下来的23节沉管作业得以顺利完成。然而，再认真的人也有百密一疏的时候，在第15节沉管的第三次浮运安装期间，管内压载水系统突然出现故障。航修队只能忍受着闷湿狭窄的环境，进入半浮在海中的沉管内进行维修工作。

好在管延安他们每次沉放一节沉管前都要进行至少三次维修演练，所以这次故障只用了不到三个小时就顺利排除了。

管延安早年因反思失误而养成了一个好习惯——完工后至少检查三

遍。此外，他还在《修理日志》上详细记录自己维修过的每一台机器与零件的情况，还配有图解。每次故障发生的原因是什么，最后是怎样解决掉的，他都会一个细节都不漏地记下来。从业至今，管延安已经整理了四大本厚厚的“图解维修档案”。

敬业、好学、严谨、负责，及时总结经验教训，这些好习惯让只有初中文化的管延安师傅成为我国首屈一指的深海钳工，先后获得港珠澳大桥岛隧工程“劳务之星”与“明星员工”的光荣称号。此外，他还乐于将自己的经验教训与同事们积极分享，以实际行动将工匠精神传承给自己身边的每一个中国技术工人。

管延安刚开始学艺的时候粗枝大叶，后来却养成了“再检查一遍”的好习惯。这种好习惯让他掌握了过硬的钳工技术。但他又一度自恃手艺高超而低估了岛隧工程建设的难度。由此可见，普通人在工作中存在的不足，大国工匠同样可能存在。但是，普通人在意识到问题后并不会认真去改正，大国工匠则不然。他们会痛定思痛，重新塑造好习惯，把下一次犯错的可能性减少到无限接近零的水平。

从思想松懈到“上个螺丝都要检查三遍”，管延安勇于反思的做法令人敬佩，这种积极的工作习惯也是工匠精神的重要组成部分。

对于工匠而言，积极的工作习惯主要有八点：

（1）负责——用心对待每一道工序，每一个细节，每一个人；

（2）专注——做事时全神贯注，坚定不移地执行目标；

（3）精确——丁是丁，卯是卯，杜绝“差不多”主义；

（4）坚定——无论失败多少次都继续尝试，直到突破瓶颈为止；

（5）好学——善于接受新事物，对新知识如饥似渴；

（6）踏实——不图侥幸，不心浮气躁，步步为营；

（7）勤劳——肯吃苦，不怕累，为事业而艰苦奋斗；

（8）守约——诚信如同日月可鉴，以契约精神为重。

实事求是地说，这些优良品质并不是工匠独有的，只是在工匠身上表现得更为突出。无论从事哪个行业，具有上述几种好习惯的人往往处世做事更得体，竞争力也更强。

当你认真负责、言出必行的时候，上级、下属、同事、同行、客户必定会给予你更多的信任。勤劳能提升你的完工率，精确能降低你的失误率，好学可以开阔你的眼界，踏实可以让你经得起严峻考验，坚定不移的态度能让你比竞争对手走得更远。如此一来，你不仅能在工作上如鱼得水，在生活中也能广结善缘。前者会增加你的财富，后者会提升你的名望。

由此可见，我们保持这些好习惯，等于进入了一个良性循环。若是能持之以恒，人生之路将会越走越宽。

THREE

因专注而专业，超越浮躁的碎片化人生

心浮气躁症几乎像空气一样无处不在。随着时间日益碎片化，人们总是抱怨自己没有时间做事。“来一场说走就走的旅行”与沉醉于“诗和远方”，这些文艺小清新式的狂想是对快节奏生活的叛逆，也是对浮躁气氛的远离。但消极的逃避并非长久之计，想要超越浮躁的碎片化人生，应该积极借鉴工匠的专注精神。

你本来有很多力量去完成很多事情，可惜生活中有太多的干扰与诱惑，分散了我们的力量，限制了我们的进步。而工匠最令人着迷的地方，就是几十年如一日的专注。全身心地投入工作，地动山摇也目不转睛，眼里只有要完成的工序，这不仅是最高效率的做事方法，也是一种深厚的精神修养。其实，工匠并不都是全知全能的奇才，他们只是善于把自己的力量聚焦于最重要的方向而已。假如我们也能做到竭尽全力的专注，同样可以激活身上的潜能。不逼自己一把，你永远不知道自己有多优秀——互联网格言如是说。

在这个注意力稀缺的年代，专注的人可以不断突破自身瓶颈，达到更高的标准；专注的企业则可以赢得互联网经济的主动权，成为行业的领跑者。大家总是担心自己落后于日新月异的互联网社会，却没意识到这种焦虑情绪让我们的力量变成了一盘散沙。想要解决这个困境，唯有培养工匠式的专注力。

在准备阶段发散，在执行阶段专注

孔子师徒去楚国的时候，路过一片树林，他们看到一位驼背的老人正在粘蝉。老人技术高超，一抓一个准，粘蝉就和捡东西一样轻松。孔子暗暗叫奇，便上去与他交谈。

“老人家，您捕蝉如同探囊取物般灵巧，这里面有什么门道吗？”

“有门道啊。这需要练习五六个月。先练习用竹竿顶两颗泥丸，当泥丸不掉下来时，再去粘蝉，失误率就十分微小了。然后练习在竿头上放三个泥丸，保持不掉，再去粘蝉，失误率只有十分之一。如果放了五个泥丸还能保持不掉，再去粘蝉，就会和拾蝉蜕一样易如反掌。当我粘蝉的时候，身体如同没有生命的木桩子一样纹丝不动，举起的手臂像树木的枯枝一样平稳。虽然天地很大，万物很多，但那时那刻，我眼里只看见蝉的翅膀，脑子里什么也不想。我不回头也不侧身，世间万物的变化都不能把我的注意力从蝉翼上移走。做到这个份上，怎么会粘不住蝉呢？”

听完捕蝉老人的话，孔子转头对学生们说：“用志不分，乃凝于神，说的就是这位驼背的老者啊！”

这则寓言出自《庄子·外篇·达生》。“达生”指的是通达生命，捕蝉老人的话蕴含了深刻而简单的生命至理。想要把一件事做得漂亮，就要摒弃所有的杂念，一心只想着眼前的目标。用孔子的话说就是“用志不分，乃凝于神”，不要把注意力分散，而是力求聚精会神。

工匠精神对专注的定义，与捕蝉老人那句“不以万物易蜩之翼”的诀窍如出一辙。除了这一秒要做的事情，什么都不想。任何风吹草动，乃至整个世界都暂时抛之脑后。

问题是，绝大多数人都做不到这点。他们并非笨拙到不明白这个道理，只不过无法克服小情绪与小心思。

古代有一位国君，曾经向国内当时的第一驾车高手学习怎样驾驶马车，高手自然倾囊相授。没过多久，两人一起比赛驾车。国君先后换了三次马，结果还是败给了高手。他很不高兴地说：“先生，您还没有把真本事教我吧？”

高手答道：“不，我的驾车技巧已经全部告诉您了，只是您不懂得正确地使用技巧。驾驭马车最重要的是，应该让骏马与车辆的步调一致，赶车人的注意力应该与马的步调一致，这样才能让拉车的马跑得又快又远。当您落后时老想着追上我；您领先时又老是怕被我追上。比赛无非就是领先和落后两种情况。您无论在前还是在后，注意力都放在我身上，而没放在马身上。这样又怎能与马匹保持协调一致呢？这就是您三次都败给我的原因。”

从这段话来看，国君主要输在心态上。他在比赛中想赢怕输，心思都分散在对手身上。如此一来，他对马的驾驭就不够协调，影响了车速。高手则不然，一心想着维持人、马、车之间的协调，从而让马车行驶得更快。他领先的时候，眼里只有终点线。哪怕暂时落后，也能顺利加速反超。

竞技比赛的时间相对较短，保持专注力尚且不易。漫长的职场工作就更不用说了。进入互联网时代以来，社会生产效率大大增加，但人们的工作效率有时不增反降。于是乎，网上有个著名的调侃——切断互联网是第一生产力。

在互联网发明之前，人们搜集资料的主要方式是去泡图书馆，翻阅大量的文献档案。也许你翻阅叠加起来和身高相等的图书，只是为了寻找一两句原话。而在今天，你只需要在专业网站上索引一下关键词，几秒钟就能搜出前人可能花数月时间才能找到的信息。

然而，许多创作者并没有因此变得“著作等身”，反而拖延越来越严重。不过，只要一断网，他们就会把几个月都没憋出来的东西很快完成。

原因一点都不复杂，简单说就是“道高一尺，魔高一丈”。互联网不仅方便你寻找本职工作所需的冷僻资料，更利于你浏览新闻、参与群聊、看节目、玩游戏。比起枯燥而费神的工作，这些事情不费脑，能让你紧张的神经松弛下来。就算是你对自己的工作非常感兴趣，只要它变成了一个任务，就会让你感到紧张，越来越不想面对。

互联网上的诱惑太多，于是你没法下决心去安心做事。出于人类好逸恶劳的天性，你会不由自主地选择逃避压力，去做无关的事。哪怕你心里正在为工期一天天减少而焦急，身体还是没法打起精神来。直到任务到了最后期限，你才爆发出比平时多好几倍的力量去赶拖欠的进度。

我们一方面抱怨自己抗拒不了互联网带来的各种干扰，另一方面又无法下决心切断网络。说到底，还是“两利相权取其重，两害相权取其轻”法则在发挥作用。

尽管网民戏称“断网是第一生产力”，但这句话包含了隐藏前提——你此前已经利用互联网累积了足够充分的资料，并且具备了成熟的构想，只是欠缺最后的行动罢了。也就是说，你真正需要“用志不分，乃凝于神”的是最后的施工阶段，而非此前的准备阶段。把两个阶段混为一谈，是人们常犯的错误。

捕蝉老人在粘蝉那一瞬间，会忘掉自己是人，忘掉整个世界的存在，眼里只有蝉的翅膀。但他在准备粘蝉之前，肯定是眼观六路、耳听八方，把蝉的位置、活动轨迹、逃跑路线全部摸清楚了。没有这些事情准备，最后粘蝉那一下就不会顺利实现。

同样道理，我们在互联网时代的正确打开方式是：在准备阶段发散，在执行阶段专注。

先广泛搜集资料，留心多方动态，当资料齐备、构想成型时，再像闭关一样切断所有的干扰与诱惑，一心一意扑在最后一击上。这样一来，我们既可以充分利用现有技术条件提高准备阶段的效率，又能以高度专注来提高施工阶段的效率。两个阶段的效率都提高了，总体效率也自然会水涨船高。

一刀切的做法永远是最蠢的。好工匠会审时度势，在不同的环节选择恰当的办法做事。这，才是适应新时代形势的工匠精神。

生命的价值在于聚焦

目标—力量—方法，三位一体才是成功之路。有相对专注的目标，运用可行的方法，投入足够多的力量，才能获得圆满的成果。而在碎片化的职业人生中，过多的目标会分散你的力量。温度不高，东西就煮不熟；火候不到，食物就不美味；付出的心血不能集中于主要方向，想实现目标无异于痴心妄想。

人的潜力无穷无尽，但能真正用上的不多。

人生如白驹过隙，什么都不做就是浪费生命。怎样用自己的生命创造出更大的价值，是人们一生的课题。

宋朝时期有位天才，曾经对人生非常敷衍了事。

他7岁时开始读书，连断句作文都没学会就把诗书丢到一边四处游历。16岁成家，21岁得子，这并没有让他意识到对人生负责的重要性，还是终日嬉戏游玩，一副吊儿郎当的样子。

好在25岁那年，他突然明白了学习的重要性，转而与有才有德的君子

交游。浪子回头金不换，有了目标就好办。由于在同辈人中属于比较聪明的类型，所以他觉得读书不难，没必要下苦功。

第一次参加乡试，27岁的他自信满满，结果铩羽而归。这次落第让他痛苦不已。他搬出自己之前写的几百篇旧文仔细找失败的原因，才意识到自己之前的学问与文笔有多么差。

他立下誓言：在没有读书明理之前，不再写任何文章。为此，他整天在书斋里苦读不休，这种状态一直持续了六七年。

经过刻苦学习，他成了饱学之士，并亲自给两个儿子教书。47岁那年，他带着两个儿子一起进京赶考。翰林学士欧阳修非常欣赏他的几篇文章，并向朝廷举荐。一时间，士大夫们争相传诵他的文章，他也名噪一时。次年，两个儿子同榜应试及第，在京城引起了轰动……

他的名字叫苏洵。多年以后，他与两个儿子被后世合称“三苏”，并列入“唐宋八大家”的行列。

苏洵就是北宋大文豪苏东坡的父亲，他的一生只有短短58年，其中有25年在游手好闲，开始读书后仍然懒散了好几年。满打满算，苏洵当学霸的时间也只比此前浪费的时间多一两年而已。不过话说回来，尽管苏老爷子直到很晚才找到自己的人生方向，但他的学问成就让许多从小开始读书的人叹为观止。这便是聚焦生命带来的巨大变化。

人一生能做成的事情很有限，是个必须正视的问题。当你追求广度的时候，很难再兼顾深度。反之亦然。无论做到哪一点，都要付出足够的代价。这种代价除了时间、金钱、物资以外，还有你的激情与智慧。

想要让自己的生命价值最大化，就应该学习工匠精神的专注，把能量聚焦在主要方向上。

人生是一道不定项选择题。正如著名的麦子寓言，你无从知晓自己选择的第一束看起来最好的麦子是不是整个田野里真正的最好的麦子。假如你抱着后面会有更好的麦子的念头，说不定就错过了那个最佳选项。你不是全知全能的老天爷，只能根据不完整的信息做出自己的选择。至于那个选择是不是客观上最好的，只有到一生结束时才能盖棺定论。

尽管如此，我们依然应该遵循聚焦原则。也许，你选择的并非最佳方向，但当你把能量都聚焦在那一处时，取得的成效就已经值得骄傲了。

人的潜力只有经过聚焦才能形成战斗力。有句老话叫“逐二兔者不得其一”，同时追两只兔子，最后的结果是一只也得不到。所以，聪明人总是善于选择，然后坚持自己的选择。

不善于聚焦生命的人，总是花99%的心力去选择，然后再以可怜巴巴的1%的心力去坚持。每当出现一个看起来更诱人的选择时，他们就会全力去追逐新目标。这样一来，除了身心俱疲与一事无成外，他们什么都得不到。

善于聚焦生命的人懂得贪心无止境的道理。只要做出了自己感觉满意的选择，他们就不再管其他的诱惑，以99%的心力坚持自己的选择。像工匠一样集中力量，专注而务实地把握一些中小机遇，积累小胜为大胜。

总之，生命的价值在于聚焦。借鉴工匠的专注精神，沿着明确的方向前进，不断投入心力，才能由工作的量变引发生活的质变，才能最大限度地让我们获得人生的升华。

别让你的职业人生变成碎片

人生就像下围棋：布局阶段棋盘很空，拥有无限的可能；中盘阶段激烈碰撞，头绪繁多，变化复杂，形势难料；而在最后的收官阶段，棋盘已经很小，能落子的地方寥寥无几。

围棋高手总是力求在布局阶段就形成有利态势，尽可能地减少盘面上的孤子。因为，孤子容易被对手进攻，为了救活孤子，你不得不投入更多棋子。这将导致全盘被对手牵着鼻子走。故而，加强各块棋之间的联系是避免陷入被动的重要手段。生活也是如此。如果你东一榔头西一棒子地打拼，就好比是制造了一大堆“孤子”，让自己的职业人生变得碎片化，极度被动。

再有才华的人，也无法抗拒生活碎片化的侵蚀。

尼古拉·特斯拉——美籍塞尔维亚发明家，很多人并不知道他是谁，但他无疑是一位伟大的发明天才。

1909年的诺贝尔物理学奖得主——古列尔莫·马可尼以无线电发明者

的身份著称于世。但很少人知道，他的成就采用了特斯拉的17项专利。

劳勃·华生·瓦特发明雷达是在1935年。其实早在1917年，第一次世界大战时，特斯拉就已经向美国海军提出了开发雷达的建议，并制定了可行的设计方案。不幸的是，美国海军研究部门的领导者恰恰是看不起特斯拉的爱迪生。这导致雷达计划流产。

X射线的发现者是威廉·伦琴吗？特斯拉早已涉足这个领域。他当时认为X射线存在危险，故而不主张在技术尚未成熟时就将其投入医疗行业。

手机与互联网的发明是20世纪末的事情了。但特斯拉在1926年接受Collier杂志的采访就展望过：未来的世界会因无线技术聚合成一个大脑，即使人们相隔千里也能在电视和电话的帮助下像面对面沟通一样，人类的通信工具可以小到放进口袋……

上述想象恰好描述了手机与互联网的特点。假如特斯拉活在互联网时代，十有八九会成为新技术革命的领路人。

此外，他在尼加拉瀑布上修了第一个水力发电站，证明了水电能源的可靠性；在人们发明低温工程的几十年前，特斯拉已经对此进行试验；他在晶体管正式发明的一百多年以前，就发明了晶体管将用到的技术专利；特斯拉最先计算出地球的共振频率，并首先记录了外太空传来的无线电波；无线电远程控制技术的应用，也是特斯拉贡献给人类文明的礼物。

天才发明家特斯拉的众多研究都是光照青史的革命性成果，可这位交流电之父至死都拒绝出售自己的交流电专利。他最后的结局是在纽约酒店里孤独地去世，留下了大笔债务。

特斯拉生活的年代，处于第三次科技革命的前夜。尽管他有许多前瞻性的成果，打开了多扇新世界的大门，但这并没有带来相衬的荣誉与财富。那个年代需要的是像电灯、电视、烤箱之类的实用型生活用品，而不

是科技含量更高的革命性发明。

尽管他很努力地开发各种新专利，也很努力地办公司推广自己的成果，但研究方向太分散，在很多领域埋下了种子，却不能专注地将其抚养成参天大树。

他是多项技术的权威，理应具有很大的影响力，但碎片化的职业人生，让他迟迟不能化技术专利为公司效益。而爱迪生不断把发明专利变现出钱，让自己有更多的经费投入新的实验。特斯拉却只能靠举债来维持研究热情，追逐毕生的梦想。

职业人生的碎片化，大大降低了人们的成功指数。让你在人生的棋盘上为处理“孤子”而疲于奔命。

从追求极致的角度说，推出无数新发明的尼古拉·特斯拉具有强烈的工匠精神。可是，从保持专注的角度说，尼古拉·特斯拉背离了工匠精神的基本要义。这对平凡岗位上的大多数人来说是一个深刻的教训。因为，我们不是天才，更加经不起挥霍。想要摆脱碌碌无为的局面，实现自己的抱负，最基本的前提就是努力避免职业人生变得碎片化。

在互联网时代到来之前，人们并不具备频繁换工作换单位的条件。如今这种现象在年轻人中屡见不鲜，劳动力流动更加自由是社会进步的表现，但站在工匠精神的立场上看，频繁换岗意味着找不到事业的重心，必然会加剧自己职业人生的碎片化现象。

当然，并不是说我们要回到从前那种对一份工作要从一而终的状况。只是，在找准自己的定位后，我们应该尽量避免脱离大目标，将余下的人生凝聚成整块。

首先，正确评估自己的实力与潜质，找出最合适的职业发展方向。

其次，职业生涯规划尽可能地围绕大目标展开，不让自己的人生变得碎片化。

最后，按照个人战略规划持之以恒地下功夫，拿出不破楼兰终不还的劲头，而不宜在遇到挫折时就调转方向。

尽管互联网社会很容易把大家的生活撕扯得零零碎碎的，但具有工匠精神的人会设法把这些碎片聚拢在一起，将生命力集中释放。唯有这样，我们才能突破自己的局限，创造事业上的辉煌。

误区：不够专注是因为没时间

专注是工匠最宝贵的品格之一。于纷乱喧嚣中保持浑然忘我的状态，把所有的智慧与心力聚焦于手头的工作，是工匠最令人肃然起敬的地方。

不能保持专注是工匠精神的大忌，也是降低效率的头号杀手。十个人里有九个人能认识到这点，但能因此学会专注的人不足半数。特别是现在，大家常说："我太忙，没时间去专注做一件事。"

我们真的没时间吗？

对于很多人而言，这只是个借口。他们看似每天忙得连轴转，其实是在穷忙瞎忙。当他们仔细回想时，却发现时间虽然花出去了，却没做成多少事。明明没做什么耗费时间的事，只是稀里糊涂地随手打发掉了几个小时，竟然说自己没时间读书。这里面显然有大问题。

其实，你并不是没有时间看书，你只是没有心情看书，不愿意把空余时间花在这上面而已。

推遍天下的主要创始人安迪斯晨风感叹道："我清楚地知道，自己已经失去了看书的欲望和能力。‘工作忙’‘没时间’‘照顾小孩’之类的借口都是胡扯。我有一份轻松悠闲的工作，每天孩子睡觉以后也有大把的看书时间。如果我能把刷微博的时间拿出来读书，书架上一定不会像现在这样触目惊心。很难讲清楚我是什么时候、为什么变得不爱看书的。似乎是从2011年买了智能手机之后上网占据了我生活的绝大部分时间间隙，又似乎是从结婚之后就腾不出看书的时间，抑或是2002年学会上网之后，也可能我从来就不喜欢看书。”

推遍天下是个网友自发建立的互助小组，以共享各种资源为目标。用小组成员的话说就是“打破次元墙，让书迷爱上看电影，让影迷喜欢听音乐，让乐迷爱上阅读”。

推遍天下在三年多来为网友推荐的图书、电影、电视剧、漫画、动画、音乐等资源超过了一万种。但安迪斯晨风却发现，自己连最初一个月推荐的东西都没有全部看完。三年下来，大家还是在围绕自己熟悉并感兴趣的领域打转。虽然都会顺手帮助转发扩散推荐的资源，但还是很难对不熟悉的领域产生兴趣。

博览群书是许多人的心愿，但如今不少曾经的“书虫子”连自己明明感兴趣的书都懒得翻。这真是令人沮丧的现实。

为了打破这个现状，安迪斯晨风发起了“每日一试”活动，鼓励众位好友每天读书。他对这个活动能坚持多久并不是很有信心，他说：“每日一试这个活动实际上是对人性的考验。一天看一本书难吗？一点也不难。但是如果每天都能看一本书，就很难了。如果这本书是你以前渴望接触但又怀有畏惧心理的，还能坚持看下去，这就难上加难了……我不知道自己的每日一试到底能坚持多久，也不知道最终它走向何方。但我想，能有这样一件事来提醒自己‘无事少上网，有时多读书’，总

是好的。”

但是，据安迪斯晨风自己统计：他在2015年总共读了20本书，而在2016年不到三个月的时间里，就读完了31本。由此可见，专注与坚持能大大提升我们的办事效率，可以让我们用更少的时间完成更多的目标。

原因何在？

无他，把碎片化时间管理到位罢了。

鲁迅先生说：“时间，天天得到的都是二十四小时，可是一天的时间给勤勉的人带来聪明和气力，给懒散的人只留下一片悔恨。”他的另一句格言是“节省时间，也就是使一个人有限的生命更加有效，也即等于延长了人的生命”。

你觉得自己无法做到专注是因为没有时间。事实上恰恰相反，你之所以没有时间，是因为不够专注。

时间的碎片化是当代社会共有的问题。你缺乏整块的时间，别人也同样要面对零碎的时间。时间的有限性在很大程度上是因为人事纷杂。我们把太多精力分散在不重要也不必要的事情上，加剧了时间的碎片化。而时间碎片化的趋势又使得我们在潜意识里想把重要的时间放在整块时间里做，做些简单轻松的事（比如玩手机）来打发碎片时间。整块时间少，碎片时间多。所以你忙于用琐事来消磨时光，抽不出精力与热情去专注做重要的事。

快节奏的互联网时代，一方面让时间趋于碎片化，一方面也让时间的重要性在不断升值，人的注意力已经成了稀缺资源。想要提高专注度，光靠减少其他活动是不够的。最根本的办法，还是加强对时间的规划，提高时间的利用率。

首先，我们必须在整块时间中尽可能保持专注。

90分钟的比赛时间与8小时的工作时间都是整块时间。这种时间在一天中几乎占一半，但主要是花在本职工作上。人的精神最多只能集中40分钟左右，然后就会因为疲劳而注意力分散。如果稍作休息就能缓过来，重新变得专心致志。那些以“没时间”为借口的人往往会在整块时间里做那些碎片时间足以完成的事情，这就造成了时间资源的浪费。

我们应该树立一个观念：像工匠那样在整块时间内老老实实地做此刻最重要的事情。因为在整块时间内不能解决的事情，在碎片时间里更加没法摆平。

其次，我们可以在碎片时间中处理那些琐碎的小事。

碎片时间通常是工作学习之余的零零碎碎的空余时间。比如每日三餐、午休、上厕所、上下班途中、排队等候，都是相对固定的碎片时间。碎片时间往往比较短，连贯性差，所以容易被忽略。但全部加起来时，总量未必少于整块时间。如果这些碎片时间不适合做耗时耗力的事，但很适合做一些短平快的琐事。故而美国现代成人教育之父卡耐基认为：“零星的时间，如果能敏捷地加以利用，可成为完整的时间。”

再次，对自己做不同事情的基本用时做个统计。

当你觉得一天下来没闲着但也一事无成的时候，肯定是忽略了注意力分散造成的时间浪费。有些事，你全神贯注时可能花一个小时就能完成。如果精神开小差，进度就会拖到2～3个小时。尽管你做的事还是那么多，但时间被大大稀释了。这就造成了“我没时间”的假象。此刻，你可以开始对表，记录每件事的时间分配。找资料、整理文件、接电话、吃饭、运动、浏览新闻、看节目，从几点几分开始到几点几分结束，一条一条记录清楚。这样你就能找出浪费时间的项目，从而做针对性的改进。

最后，制订最佳的时间规划方案，在每个专用时间段只做对应的事。

有些朋友把专注简单等同于只做一件事而抛开其他事情，这是个误解。专注的真正意义是在特定的时间只想特定的事情，暂时排除其他事情的干扰。专注就是在某段时间内一心一意，不专注就是在某段时间里三心二意。不少人把大脑能同时处理三五个不相关的信息视为能力超群的象征。其实，这不仅会降低你办每件事的效率，还会加剧脑力的消耗，从而进一步降低你的注意力。

总之，我们在很多时候并不像看上去那么忙，也并非完全抽不出时间。我们只是不善于高效利用时间，也没养成专注做事的习惯罢了。

练习：摒除杂念，坚持要事第一原则

也许你觉得保持专注很难。但事实上，专注恰恰是一门简单的功夫。

如果说训练是做加法，那么专注就是做减法。把多余的念头像砍枝杈一样大刀阔斧地削减掉，只保留最重要的主干。删繁就简，是保持专注的唯一秘诀。

这是一个眼球经济横行的时代，我们的目光很容易被过剩的信息所吸引。尽管大家经常在微博、微信上转发头条新闻与长微博，但并不会逐字逐句地认真读完。在信息传播如此发达的今天，谁都不想被贴上“后知后觉”的标签。这又驱使大家投入过多的精力去追踪热点，而难以沉下心来消化已经掌握的信息。

于是乎，杂念越积越多，精神越发涣散。在这场过剩信息追逐战中，被新消息牵着鼻子走的人永远疲于奔命。而那些坚持“你打你的，我打我的”的专注者不受浮光掠影的迷惑，不被无关信息干扰，从而在自己选择的道路上不断取得突破。

旅日作家萨苏曾经这样评价自己眼中的科学院院士：“我接触的学者

们，大多是能文能武，上得厅堂，下得厨房的。他们有时候是显得有点儿呆，但可能这正是他们聪明的地方。我所见到中国的学者们普遍有把自己生活简化的倾向。他们不大关心时尚，不大愿意迎来送往，大抵都是因为这个原因。这恐怕也是不得已而为之，大概因为现代科学哪一门都已经被参悟了数百年，想要百尺竿头更进一步，小聪明是没用的，只有在科学的殿堂里奉献一生的才智，才可能摘取一顶蒙尘的皇冠。”

你看，科学家们把自己的生活不断简化，以便把心思专注于最重要的事情上。他们与古代的伟大工匠一样，有穷尽一生探索高峰的觉悟，又怎会为那些昙花一现的东西而驻足呢？

摈弃杂念，扬长避短，全身心投入，想要创建不凡的业绩，都必须越过这道坎。这需要我们拥有一点大智若愚的清醒。

大智若愚的人只是看起来“若愚”。事实上，他们非常善于动脑。知道自己需要什么和不需要什么，然后努力掌握自己所需要的，忽略那些自己不需要的。由于找准了方向，他们的努力会很有效率。由于舍弃了杂念，他们的心灵不会被无谓的琐事拖累。甩开了不必要的包袱，自然可以全速前进，朝着最重要的地方跑。

当然，人类常见的缺点之一，就是不懂得权衡轻重，不懂得抓大放小。若非如此，我们也就不会总是把琐事放在要事前，被杂念挤满大脑了。

曾为魏国立过赫赫战功的军事家吴起，就深知其中的道理。有一次，吴起在前线准备开战时，左右侍从把利剑呈送给他。谁知吴起没有接剑，反而说：“指挥官专门负责用旗帜与战鼓来发号施令，在危难之时做出正确的决断与部署，调遣各部队奋勇杀敌。这才是指挥官的职责。提剑与敌人拼杀，不是指挥官的职责。”

领导者集中精力想大事和协调全局，而不越俎代庖去做具体的琐事。这才是清醒的做法，符合要事第一原则。吴起一生东征西讨，与诸侯大战七十六次，全胜六十四次，平手十二次，靠的就是坚守自己的本职，永远把该做的要事放在第一位。所以，他才能屡屡看透战场局势，找出敌军弱点，战而胜之。

人们做事常见的几个陋习是：

第一，犹豫不决。犹豫在本质上是因无法准确判断利弊，分不清什么是最重要且最急迫的东西。

第二，偏离初衷。逻辑思维较差的人很容易在不知不觉中远离最初的目标。说到底，也是心中的天平早已不再把初衷当成最重要的东西了。

第三，轻重缓急不分。不善于统筹安排的人总是事倍功半，然后老觉得自己时间不够。

第四，三心二意。多线作战，一会搞搞这个，一会做做那个，不能集中兵力解决主要问题，打成了既费时间又耗资源的“添油战术”。

第五，贪大求全。不懂得分解任务，企图不自量力地一口吃成胖子，一旦受挫就很容易丧失信心。

从根本上说，这些缺点都违背了“要事第一”的原则。想要避免这些坏习惯，唯一的办法就是贯彻“要事第一”原则。

首先，我们应该把手头上的事区分为重要而紧急、重要但不紧急、不重要但紧急、不重要也不紧急四种类型。

办事时优先处理重要而紧急的事情，然后花少量精力与时间处理不重要但紧急的事情。重要但不紧急的事往往是欠缺条件或旷日持久的，

想一鼓作气解决掉是不可能的，这类事就要以长期奋战的态度去对待。其实，当你把重要而紧急的问题解决掉以后，其他三类事情就会自动减少。可以说，优先处理要事是让自己减轻负担的有效办法。

其次，在必要时放弃次要目标，将力量与资源集中于最重要的事情。

当战况危急时，指挥官会果断舍弃一些目标，把兵力全部集中在主要战场。许多指挥官贪图一城一地的争夺，忽略了控制战略要点，从而导致全局被动。做其他事情也是一样。我们并不总是时间充裕、精力充沛、资源雄厚的，捉襟见肘的情况在生活中并不罕见。在这种丝毫浪费都会被放大的情况下，要事第一原则的意义更为突出。所以，我们在不利局面下更要做到摈除杂念，坚持把注意力放在最重要的那件事上。

专注是一门简单的功夫，确切地说，是一门把简单练到极致的功夫。摈除杂念，要事第一，工匠精神原本很简单，只是杂念太多的人把它想复杂了。

F O U R

品质即生命，把每个当下做到极致

历史学家与考古学家都以石器、青铜器、铁器作为划分古代文明发展阶段的标准。到了近现代，蒸汽机、电气、互联网又成了三次科技革命的象征物。可见自古以来，“工匠”的作品就是衡量当时社会技术水平的重要标志。正因为如此，无论是传统的手工匠人，还是新时代的高级技术员，都把作品的品质视为生命。

在某种程度上，工匠精神=一丝不苟=精益求精。这也是工匠精神最令人肃然起敬的地方。差之毫厘，谬之千里。对这句老话体会最深的就是工匠。农民严格遵守的农时比较漫长，没有精确到分毫。企业家视时间为金钱，不愿浪费一分一秒，但比起品质的改良更在意成本的控制。而工匠更在乎的是产品的档次与工艺的质量。在他们看来，做出品质不高的合格品也只比残次品稍微好一点。只有生产出极致的精品，才能获得真正的成就感。

任何伟大的工匠，都不会容忍自己的心血之作出现败笔。他们刻板地执行每一个流程，不允许在任何看似无关紧要的细节上打折扣。“差不多”这句话在工匠的字典里几乎是禁语。因为，一个个“差不多”的叠加最终会让你“差得远”。一名优秀的员工，应当像工匠一样把每个当下做到极致。唯有如此，才能做出超越竞争对手的高品质产品，才能成为拥有极佳用户口碑的业界良心。

品质时代的钟声，为业界良心敲响

美国心理学家约翰·安德森曾经在美国大学生里做了一份调查。调查内容是让参与者从500多个描述为人品质的词语中选出自己最喜欢的那个。调查结果显示：在人们评价最高的8个候选词汇中，与“真诚”相关的就有6个。调查样本容量超过了6000人，所以调查结果基本揭示了人际交往中的普遍规律。

互联网有句流行语——“少一点套路，多一点真诚。”这讽刺的话既体现着大家的无奈，又包含了大家的期待。

一边唾弃社会的浮躁，一边不肯抛弃浮躁的风气，同时还渴求社会上出现一个能超凡脱俗的“业界良心”。这种复杂的心态，恰恰反映出人们内心深处依然希望看到能让自己由衷信赖的“真诚”。于是乎，我们总是下意识地去寻找业界良心，以求在这个山寨文化遍地流行的时代，获得更高品质的东西。用互联网流行语说，就是用钱和实际行动来支持业界良心的“诚意之作”。

业界良心，换个表述就是工匠精神。绝不为了蝇头小利而丧失诚

信，也绝不因为一时暴利而放弃责任。坚持做有品质的东西，哪怕不如劣质的山寨货那么吸引眼球，依然甘愿下足功夫打造“诚意之作”。

长期以来，“劣币驱逐良币”的怪圈让消费者与从业者感到沮丧。当人们想用真诚而努力的方式生存发展时，那些投机取巧分子常能以极低的成本迅速得利。坚持工匠精神仿佛成了不切实际。

尽管如此，世界上还是有很多坚持品质第一的人和企业，坚守着自己的道。

美国的迪士尼与皮克斯两大动画制作公司（后者现已并入前者），凭借工业化的力量，把动画提升到了电影的层次。尽管日本的动画产业很发达，但在国际上声誉能与迪士尼相媲美的，只有吉卜力及其主心骨宫崎骏。

宫崎骏的作品有着细腻而清新的画风，充满了人文关怀与对人类文明的反思。不同于崇尚技术的迪士尼以及其他日本动画制作者，宫崎骏执拗地抵制着高度工业化的流水线式作业，坚持以手绘来完成动画的制作。这使得吉卜力在无数用先进工业技术支撑起来的动画工作室中显得格格不入，仿佛是还没有进入工业文明的古早的遗址。

在这位古板保守的动画大师看来，过度依赖机械会妨碍人们的成长。电脑绘画技术看起来能提高效率，但传统的手绘作画更容易做出匠心独运的作品。一旦对电脑流水作业产生了依赖性，日本动画的风格就会越来越“迪士尼化”，从而失去自己的特色。《宫崎骏的暗号》一书说：“这是个动画技术年代，一切都可以靠科技轻松完成，可我是个不喜欢搭顺风船的人，画面的明暗还是由人控制的好。”他相信，手绘技巧是动画制作者永远都不可抛弃的东西。

由于他的固执，吉卜力工作室至今仍像个落后于时代的小作坊。尽管美国《沙龙》杂志用“东方世界的迪士尼”来形容宫崎骏的商业成就，但他更像一个纯粹的画师。

宫崎骏的想象力依然丰富，但体能已经大不如前，每天工作的时间已经从原先的1/3降到了1/5。他坚持手绘动画，追求完美，每天在半径不超过3米的独立工作空间作画。高度专注的精神让他的大脑充满了烧灼感。因此，宫崎骏强迫自己从走出工作室大门开始就把工作完全丢到脑后。

他的创作方式是不管三七二十一，先把自己头脑中想表达的场景画出来，而不是刻意构思故事情节。在宫崎骏看来，只有画到足够多的时候，新作品中的世界才会自动成型。

有趣的是，宫崎骏导演对情节无比重视，多次因此与合作伙伴们吵得面红耳赤，但他从来不给自己的动画设计剧本。他说：“我们从不知道故事会走向何方，我们一边制作电影一边编故事。这是制作动画影片的危险方式，但我喜欢它，因为它可以让作品变得卓尔不群。”这种别具一格的工作方式让其他人无法模仿。但宫崎骏用自己的天才与勤奋很好地平衡了这种风险。

他是依赖灵感与想象力的动画大师，有着工匠般的一丝不苟，有着令观众叹服的天赋。正因为如此，他才能不断激发自己的潜力，推出一部又一部誉满全球的作品。

宫崎骏在2005年国际交流基金会上发表的获奖感言，阐述了对自己以及吉卜力工作室的定位。他说：“我们的作品本来就不代表日本的动画电影，反倒应该说，我们是站在日本动画的边陲，所从事的一向都是反潮流的工作。我们总是以要在下一部作品背叛死忠观众的方式，勇敢向前行。”

反潮流是一件需要勇气与智慧的事。没有勇气就无从坚持，没有智慧就后继乏力。如今消费主义大行其道，诚意之作往往叫好不叫座，而哗众

取宠的劣质作品却是叫座不叫好。宫崎骏对这种现象很生气。他曾向媒体指出："就像我的肚子完全不会缩小一样，我对于大量的消费文化日渐肥大也感到气愤。而由于我们的动画电影本身，就是大量消费文化的一员，因此，那个大矛盾就像是我们的宿命一样，随时威胁着我们的存在。"

比起惊艳的视觉效果，宫崎骏的动画一直坚持在人文精神上着力。这也是他的手绘动画工作室能多次战胜高度现代化的好莱坞动画，在口碑与商业成绩上都创造奇迹的重要原因。

通常认为，现代的观众更喜欢追求感官刺激，不太关心作品的深度。宫崎骏的动画电影选择了相反的道路，却依然获得了巨大的成功。这不能不说是业界良心的胜利。

打造诚意之作很辛苦，坚持业界良心很艰难。但，这个世界不只是充满了浮躁，还有一群人甘愿恪守工匠精神，耐住寂寞，贯彻自己的追求。

粗制滥造的野蛮生长阶段，正在迎来最后的回光返照。随着行业走向成熟，必定会出现残酷的优胜劣汰。高品质产品击败低品质产品，只是一个时间问题。好东西需要更多的心血打磨，但技术的进步能大大降低这个成本。而知识产权保护的不断完善，没有哪个投机取巧的山寨者能躲过这次大浪淘沙。而那些坚持品质第一的业界良心，终有一天能在更健全的市场环境中茁壮成长。

在可见的未来，品质时代必然会取代山寨时代。谁能先一步适应新形势的变化，谁就能早一步树立起过硬的品牌与口碑。

品质时代的钟声，必将为真正的业界良心而敲响。当广大消费者阅尽浮华沧桑之后，会养成更成熟的消费观与审美观。他们日益增长的物质文化需求，唯有不断提高产品和服务的品质才能满足。唯有做到这点，企业才能闯出一条自己的特色之路，褪尽野蛮生长时代的落后痕迹。

今天，各行的业界良心依然扮演着“反潮流”的角色。这足以说明我们的工匠精神还很缺乏，没有形成工匠追求完美品质的坚定信念，这是一门迟早要补的课。当业界良心重新成为潮流的标杆时，我们的生活将大不相同。

“差不多”就是“差得远”

上海美术电影制片厂与北京电影厂曾经在1964年联合推出了动画片《差不多》。

少年猎手小林刚开始学射箭，几乎次次脱靶。但他总是觉得箭“差不多”就中靶了，便想独自进山打猎。老猎手爷爷坚持认为小林的箭术不是“差不多”，而是“差得远”，要求他必须练到箭箭射中靶心。小林对训练敷衍了事，只是偶然射中了一次靶心，就得意扬扬地跑去打猎。他进山后遇到一头狼，射了三箭都偏得很远。狼察觉到小林的箭术很烂，马上反扑过来，撵得小林到处跑。如果不是老猎手及时赶到，小林必将葬送于狼口。从此以后，小林再也不说“差不多”了。

尽管这部动画片已经播出了52年，但你依然可以从生活中找到许多“差不多”的案例来对号入座。

许多行业并不像制造业那样要求严丝合缝，而制造业也因为技术种类差异对工艺精密度要求不一。既然不需要太多心思就能做到基本合格，足以谋生，为什么非要追求极致，把自己搞得身心俱疲呢？许多国人都抱有这种心思。所以长期以来，“差不多”主义被视为中国人的劣根性。

其实没必要这样一刀切地看问题。任何民族性格的形成都与其生存环境有关，在群体上也有自己的优缺点。

自由散漫、缺乏组织性是小农意识的特征之一。小农意识源于数千年的小农经济。我国东中西部发展不平衡，新观念（上层建筑）需要新的生产生活方式（经济基础）来支撑，而固有意识形态又有一定的独立性，不那么容易改变。换言之，“差不多”主义与其说是中国人的劣根性，不如说是一个体量庞大的发展中国家因未完成工业化转型所出现的不良反应。

工业社会天然追求精确与效率。随着社会工业化程度越来越高，融入现代经济秩序的人们会越来越重视品质的重要性，从群体上舍弃源于小农经济意识的“差不多”主义。

在过去，“差不多”的散漫作风还能利用粗放型发展模式的漏洞谋得生机。精益求精的作风还不足以展现出更大的价值。但时过境迁，今后的“差不多”很可能连及格线都达不到，完全丧失低成本的竞争力。

我们处于一个飞速发展的时代。中国的工业化与信息化过程在不断提速。传统的粗放型发展模式，已经越来越不能适应社会需求。全球经济萧条导致出口需求下降，劳动力成本也在不断上升，去工业化的发达国家也纷纷推出了复兴制造业的计划。这些严峻的挑战都在敦促中国各行各业朝集约化方向升级，减少能耗与资源浪费，提高品质与技术含量。此外，随着工业4.0浪潮的来袭，智能化制造技术已经被列为国家重点发展项目。这也对现代企业的员工提出了更高的素质要求。

中国制造变为“中国智造”将是一个漫长的过程。在这个背景下，视品质为生命、以精确严谨为导向的工匠精神，将逐渐成为新时代的主流意识。

“差不多”就是“差得远”。那些还抱着“差不多”观念的人注定不能适应未来的发展形势。唯有锻造出一丝不苟的严谨作风，我们才能顺应潮流，获得更多的成功机遇。

不折不扣，比别人多认真一点

世界上最怕“认真”二字。人一旦认真起来，不仅能发挥出全部实力，甚至能激发自身的潜能。

秦陵考古队的专家对秦始皇兵马俑二号坑里发现的19把青铜剑进行了多项技术分析。这批秦青铜剑长为86厘米，剑身有8个棱面。根据游标卡尺的测量结果，8个棱面的误差比一根头发丝还小，显然经过了精细的锉磨与抛光。剑的表面有一层大约10微米厚的铬盐氧化屏，含铬量为0.6%~2%。与吴王剑和越王剑表面所采取的硫化处理技术相比，秦代铸剑师的新技术具有更出色的防腐性能。这些秦青铜剑出土时全无锈斑，锋刃依然锐利得足以一次划穿18层纸。

秦朝处于青铜器时代与铁器时代的交汇点，比人类开始使用机器制造的工业革命早大约两千年。当时的秦剑以纯手工制造，秦国工匠居然按照统一的技术规格批量生产制式装备，不能不说是一个了不起的奇迹。从这些精美的秦代兵器中，我们不难感受到秦代工匠那一丝不苟的认真劲。

其实，战国七雄的国情民风各异，都有自己的长处与弱项。很多人只知道秦人被称为“虎狼”，却不知秦人有着当时最认真、严谨、理性、踏实的品格。

据出土秦简显示，秦人的社会治理模式比后世许多王朝要精密得多。毫不夸张地说，秦代社会的很多细节都折射出一种认真严谨的工匠精神。

秦国官府收发公文的时间精确到某月某日某时刻（“刻”是古代计时工具“漏刻”的单位）。邮人送信到每个县的路程与用时标准都有详细的规定。按照《行书律》规定，邮人送信晚半天罚一副盾牌，折合384钱；晚一天罚一副铠甲，折合1344钱；晚两天罚两副铠甲，折合2688钱。

秦国的县是根据县司空计算的工程量来安排工期和徭役的，假如实际工期比预期超过或不足两天以上，以不察论处。而乡官要把服役者每天的劳绩登记造册，每月每年都要汇总上报。按照《中劳律》规定，如果谁敢擅自增加劳绩的天数，就罚一副铠甲，并取消其劳绩。

这便是“暴秦”的另一面，以数字和工匠精神对待社会生活的方方面面。

就实而论，韩国、楚国、齐国的工匠都在战国有着很好的口碑，不少出土文物也证实了这些国家的工匠有不输给秦国工匠的敬业精神。但不同的是，秦人无论在技术领域还是管理领域都奉行不折不扣的精密主义作风，他们不只是在单个领域上比竞争对手认真一点，而是在各个领域都比别人更加认真一点。

正是这种认真到极致的作风，让秦国由弱变强，一统天下。尽管暴秦二世而亡，却也为后世留下了至今还在发挥作用的秦代三大水利工程。特别值得一提的是蜀郡守李冰设计的都江堰。在2008年的汶川大地震中，都江堰市遭到了毁灭性的破坏，都江堰水利工程却只是受了可修复的损伤，不愧是延续了两千多年的业界良心产品。

秦朝严厉而细密的法律制度，在史书中留下了“峻急酷烈”的差评。但改良秦制的汉朝在很大程度上延续了秦人的精密风格。毫不夸张地说，正是广大基层吏民在严密的汉律下辛勤劳动，才成就了大汉的文景之治与汉武盛世。

需要强调的是，前人的优良传统不是用来沾沾自喜的，而是用来继承发扬的。时代不同了，很多曾经的“诚意之作”完成了自己的历史使命，告别了今人的生活。但一丝不苟做精品的认真作风，永远是超越时空的传家宝。

技术是需要不断革新的。再先进的技术，也总有被更先进的技术所取代的一天。消费者的需求日益增长，且越来越多样化和个性化。产品的更新迭代速度只会变快，而不会退回过去的慢节奏。真正不会因时间流逝而折旧，不会因世事变迁而贬值的，就是认真认真再认真的工匠精神。具备这种优秀品质的人，可以在任何环境与任何浪潮中找到自己的位置，并创造自己的辉煌。

如今的中国处于一个微妙的社会转型期。大家一只脚踏入了世界的前沿，但另一只脚还陷在落后的泥潭。

中国已经有了世界上最完整的轻重工业体系，科研创新不断涌现令全球震撼的成果，许多工程师与高级技术工人也在国际业界倍受赞誉。但这只是中国高精尖的“点”，而不是面，精工细作的金字塔尖与粗糙而宽阔的金字塔基座形成了鲜明的反差。也就是说，中国不乏具备工匠精神的杰出人士，但他们在总人口的比重中太少，而且还没形成全社会共同的爱岗敬业标杆。怎样把这些“大国工匠”的认真严谨精神传播到社会的各个角落，是每个人的共同使命。

想做到这点，可以从两个方向着手：

第一，学会不折不扣地做事。

明朝著名的军事家戚继光曾在《纪效新书》中指出："平日十分武艺，临时如用得五分出，亦可成功；用得八分，天下无敌；未有临阵用尽平日十分本事，而能从容活泼者也。"在他看来，平时训练的武艺，在临阵时能发挥出50%的水平就能打胜仗了。如果能发挥80%的水平，就能天下无敌。因为几乎没有人能在实战中把日常训练的内容100%地发挥出来。

由此可见，人对所学知识技能的运用水平是打了折扣的。打折扣的原因很多，最主要的还是心态。有的人态度懈怠，认真不起来。有的人心理素质不过硬，容易紧张得发挥失常。所以，我们应该时常检验一下自己能发挥多少水平，逐步朝100%的方向改善。

第二，比别人更认真一点。

大家都知道认真是个好品质，但这并不容易做到。认真意味着要支付更多的成本。正如做"快餐"需要的时间、精力和技术，远不能与做"大餐"相提并论。但"大餐"的需求远不如"快餐"的需求量大。如果每件事你都以制作"大餐"的认真度去处理，势必会造成更多的资源浪费。人的精力有限，如果不能认真到点上，认真作风所蕴含的力量就无法充分利用。

可是，认真到什么程度比较合适，这个问题值得深思。外国有句谚语叫作"更好有时候是好的敌人"。认真过度就变成了死板，反而不美。其实，我们只需要比别人更认真一点即可。当别人做到90%的时候，你把认真度增加到90.9%就能拉开差距。这样既能形成相对优势，也能节约能量，把认真的劲头用在更重要的地方。

优秀的人对“败笔”零容忍

人生充满了不如意和不完美。但许多人都难免有完美主义情结，看花要花好，见月要月圆。虽然他们知道“瑕不掩瑜”这个词，但还是没法对瑕疵释怀。

这个世界上做事认真负责的人很多，但对“败笔”零容忍的人很少。哪怕是最吹毛求疵的评论家，轮到自己做事时都会下意识考虑不计成本地求全责备是否有必要。但对于那些心怀工匠精神的佼佼者而言，败笔是不能容忍的。只要一息尚存，就要让败笔从自己的心血之作中彻底消失。

云南通海县的木匠高应美大师有一手镂空雕刻的绝活。他雕的格子门有“通海国宝”的美称。尽管做工匠的时间不短，但他老人家一生仅完成了四件作品。

第一道格子门是为河西圆明寺大雄宝殿雕刻的，不幸毁于火灾。第二道门为个旧李家花园而雕，据说已被人卖到欧洲的博物馆，与海外顶尖大

师的作品陈列在一起。第三道门为通海周家花园而雕，现藏于县城内的聚奎阁。第四道是为小新村三圣宫雕的六扇格子门。这单活，高大师一干就是整整十七年。

雕门分为三个阶段。第一阶段是粗活，第二阶段是细活，第三阶段是最后的打磨。高大师定了一个特别的规矩，按照刀削斧斫下的木渣的重量来计算酬金。粗活的工钱是一两木渣一两银，细活的工钱是一两木屑二两银，打磨（第六层镂空）的工钱居然是一两木粉一两金。世人为“木屑兑金银”感到惊奇。但他的手艺确实值这个钱。

高大师耗费十七年光阴才完成这件不足十平方米的六扇格子门，并不是得了拖延症。而是因为他不允许任何败笔。

开工仪式结束后，高大师做的第一件事是挑选磨刀石。他四处寻访上好的磨刀石，再以此打磨雕刻工具。他使用的木雕工具超过了一百种，每件工具都是他亲手精心制作而成。其中最小的工具仅有头发丝那么粗。每一件都经他亲手制作和精心打磨。光是准备工具，高大师就花费了三年之久。

木门板只有七厘米厚，在如此狭小的空间里要镂空六个层次的浮雕，是件极其困难的事。因为寻常高手也只能在木格子门上雕刻两三层镂空图案。

这六层浮雕涵盖了180多个神态各异且肌理入微的人物，还有战马、腾龙、花、鸟、树、石、山、水、楼宇等景物。里面还暗藏了竹叶诗，远看是茂盛的竹林，近看是“水绕楼船起圣宫，双龙发脉势丰隆，春山拥翠千年秀，不赖丹青点染工”的28个字的诗歌。

这些东西拥有层次分明错落有致的布局，具有极高的艺术美感与工艺难度。

例如，浮雕里有个宅院，宅院小楼的窗里坐着个书生，书生背后有个小童。这就有五层浮雕了，只要有一层没有雕好，就前功尽弃了。所以，高大师每一刀一斧都要停顿很久，胸有成竹了才敲下去。由此产生的一渣一屑，都是经过反复精确计算的舍弃，不多不少分毫，里面饱含着大师级木匠的深思熟虑。

正因如此，每层浮雕的每个方寸景致都是完美无缺的。为了确保不失手，高大师做得很细很慢，就连粗活阶段都是精雕细琢的。

最后的工序是贴金。光是制作薄如蝉翼的金箔，高大师就花了一年工夫。然后，他必定选择没有风雨且阳光正合适的好天气才施工，用头发做成的刷子把金箔小心翼翼地刷在六扇格子门上。按照他的标准，每一片金箔之间绝不能看见一丝接头的痕迹。刷金箔时的动作必须轻巧到大气都不准呵出。

鬼斧神工——除了这四个字，我们很难找到更合适的词语来形容高应美大师的诚意之作。

像高应美大师这样为了不出败笔而穷尽一生的工匠，在人类史上并不罕见。

西方文艺复兴时的伟人达·芬奇，花了四年才完成《蒙娜丽莎》，而《最后的晚餐》也画了整整三年。恰恰是因为达·芬奇用了整整四年来精心绘制，才让《蒙娜丽莎》成为五百年来最令人惊叹的名作之一。

大家发现，蒙娜丽莎的微笑从不同的角度看，给观赏者留下的感受是不同的。荷兰阿姆斯特丹的一所大学曾用“情感识别软件”来分析蒙娜丽莎的表情，结论是她的微笑中包含了83%的喜悦、9%的厌恶、6%的恐惧以及2%的愤怒。这是因为达·芬奇用了与众不同的构图手法来表现蒙娜丽莎的微笑，从而使得观众在不同的角度与光线下，会看到给人感受相异的微笑。

此外，据法国科学家称，达·芬奇制作《蒙娜丽莎》的时候，选择了十分细腻的颜料与添加剂为其上色。而且这位大师还在已干的色块上添加了一层大约1~2微米的近乎透明的淡色，画作所有颜料涂层的厚度总和不超过40微米。法国科学家相信，达·芬奇独特的上色技巧，让《蒙娜丽莎》中的人物形象变得更为立体，且有一种特别的朦胧效果。

用心到这种程度，也难怪达·芬奇会把作画进度一拖再拖。他是真心希望这部作品不出半点败笔。他做得很成功，蒙娜丽莎的右手被业内评价为“美术史上最美的一只手”。

据说达·芬奇太喜欢自己这部作品了，完成后舍不得交给客户，居然和仆人连夜带着画作逃跑了。这则轶闻也反映出真正的工匠对自己心血的热爱程度。

优秀的人往往不想给自己留下败笔与遗憾，尽量把事情做得尽善尽美。特别是那些具有工匠精神的人，为了做出毫无瑕疵的精品，甚至愿意付出常人不敢相信的代价。对于他们来说，品质就是生命，有败笔等于是要了命。这种不断超越自我追求完美的生活态度，在世人眼中是艰辛和痛苦，在大师眼中却是无与伦比的快乐。

贯彻其中的，是“工匠”对事业与人生满满的热爱。这份无法替代的热爱，又怎能打丝毫折扣呢?

误区：精益求精是不划算的做法

大家抱怨各行各业缺乏工匠精神，是因为很少看到愿意在品质上精益求精的业界良心单位。为什么会出现这种情况呢？不客气地说，大多数单位、管理者、员工都有一个认识误区——认为精益求精不划算，提高收益的关键在于降低成本与加强营销推广。

一面对粗制滥造现象嗤之以鼻，一面对精益求精的"傻子"报之以嘲笑。这个怪圈让我们陷入了一个恶性循环。期待改变但又不肯花力气去改变，最后只能落得个停滞不前的下场。

那么问题来了，精益求精真的是不划算的做法吗？

首先，时代背景正在强迫我国企业向重视品质的集约型增长模式转型。

我国虽然也有少数行业能造出不输给任何制造强国的精品，但绝大部分"Made in China"的产品给全球消费者的印象，依然是廉价货。在现代市场，技术含量越高的产品经济附加值也越高。卖一个高技术含量的精品所赚取的收益，往往高于一大堆低技术含量的廉价商品。想要靠廉价商品来获得高盈利，在原料及劳动力成本不断上升的今天变得越来

越困难。而2008年金融海啸引发的全球经济萧条又让出口贸易的形势非常严峻。也就是说，我国的企业已经没有多少继续靠粗放型增长模式续命的空间了。大批沿海加工厂的倒闭，就是明证。无论你愿不愿意都要面对转型问题。

其次，以智能制造为代表的工业4.0技术，颠覆了传统的生产制造模式。

工业4.0技术解决了大规模标准化流水作业与小批量个性化生产之间的矛盾，可以更低的成本和更高的效率制造大批量多种类个性化定制产品。我国在2015年已经开始推行“中国制造业2025规划”战略，以图迎头赶上“第四次工业革命”的浪潮，实现跨越式发展。在此之前，德国、美国、日本等制造强国纷纷投入了智能生产线与“无人化工厂”的推广工作。我国的东莞等沿海地区的工厂也从2015年开始尝试采用机器人来取代工人来生产，以解决“民工荒”问题。在不久的将来，智能制造技术将进一步普及。粗放的劳动密集型生产模式将被精准的智能生产所取代。精益求精的技术瓶颈将得到较好的解决。

最后，精益求精是提升“中国制造”竞争力，把“中国制造”发展为“中国创造”的必由之路。

这个口号已经叫了很多年，但更多人抱着精益求精不划算的观念，总是把目光投向那些技术含量低但来钱快的行业。如今的“互联网+”浪潮催生了许多新的App应用程序，看起来是高科技，其实只是披着高科技外衣的营销工具。改变的只是营销方式，而不是产品本身。尽管这也是一种微创新，但如果不在研发制造领域真正下功夫去转型升级，就无法提升整个“中国制造”的科技含量。核心技术的科技含量，恰恰是“创造”与“制造”的本质差异。唯有精益求精地钻研先进技术，在前期打好基础，才能在后期获得高端市场的主导权。

从粗制滥造进化为精益求精，把工匠精神融入日新月异的技术创新，是工业文明发展的必然方向。

以工匠精神著称的德国和日本，其产品长期以来凭借过硬的质量在国际上大受欢迎。但曾几何时，这两个国家也是以粗制滥造著称的山寨大国。尤其是德国的产品，曾经被当时的第一工业大国英国扣上“厚颜无耻”的帽子。

德国在1871年完成统一后，百废待兴。这个农业国想以工业立国，但当时英法美等发达国家的产品牢牢占领了国际市场，德国人的强国梦被挤在夹缝中。为了迅速打开突破口，德国人试图用廉价的山寨产品冲击国际市场。

如今以认真严谨著称的德国人在一百多年前认真地剽窃他国设计、山寨英法美的名牌产品，甚至伪造制造厂商的标志直接冒充名牌。这些不光彩的小聪明让当时的德国货声名狼藉。

十六年后，也就是1887年8月23日，英国人终于忍无可忍，在议会通过了一批明显带有侮辱性质的商标法条款。“Made in Germany”（德国制造）成了新商标法的专用名词，用以区别本国制造的产品。一切从德国进口的产品必须注明，否则将受到惩罚。

这项法案只针对德国，足以折射出英国人的怒火。“Made in Germany”不光是为了标明原产地，而是要直接告诉消费者，哪些是应该被当作廉价处理商品的劣质的德国货，哪些是优质的英国货。

英国人用法律来抵制德国产品的做法让德国人吃到了苦头。此时他们已经通过偷师等方式学到了不少英国的先进技术与企业管理方法。为了打

破困局，吃苦耐劳的德国人痛定思痛，以创新取代仿冒，不断提升产品质量。

就这样，德国产品一面保持着廉价劳动力带来的成本优势，一面保持着很高的质量。

就在新商标法强制德国产品打上“德国制造”这个耻辱印记的第十年，英国的殖民地事务部大臣约瑟夫·张伯伦对德国产品进行了详细地调查。根据他的调查报告，德国的服装、棉布、羊毛制品、水泥、钟表、化工制品、钢铁制品、工具等产品主要有两个特征：价格更便宜，质量更优良。个别类型的产品甚至还多了艺术美感这个加分项。

如此一来，英国产品不仅在国际市场遭遇严峻挑战，连本国市场都被德国货大肆占领。英国消费者发现，自己已经无法把德国产品从日常生活中剔除了。物美价廉成为德国货的新标签。

最终，德国人凭借自己精益求精的精神，硬是把“德国制造”这个曾经的耻辱印记变成了象征“优质产品”的金字招牌。从此以后，再也没人说德国货是假冒伪劣产品了。全世界的人们只记得，这个国家的生产商有着令世界敬佩的“工匠精神”，这个国家的产品有着过硬的品质。

“德国制造”的逆袭是一个商业史上的奇迹，也是所有后发工业国的一面镜子。

广义的工匠精神已经传承千年，但德国式工匠精神其实是人类进入工业时代以后的产物，只积淀了一百多年。我们眼中的工匠精神代表德国，曾经也和我们一样是个“胡作非为”的“山寨”大国。经历粗制滥造的野蛮生长时代，遭遇了品牌大国的阻击，痛定思痛后选择扬长避短，坚持走精益求精的道路。

当然，德国人面对的市场环境没有现在那么复杂，竞争远不如今天那么激烈。做了十六年山寨大国，又花了十年来洗刷这个污名。从落后的农业国到先进的工业国，从以劣质廉价处理商品挤入低端市场到用优质产品赢得各级市场的信任，德国人用了二十六年。

假如不确定自己选择的道路是否可行，就回头看看历史吧。历史不一定能给你正解，但最起码可以告诉你哪些是弯路。

我们背负山寨大国的帽子比德国人更久，而且面对的形势也更加复杂。但多年的积累已经让“中国制造”走遍全球，让我国建成了世界上最完整的工业体系，拥有强大的科研能力。这些都为我国各行各业提升产品品质提供了有利条件。

现在，我们最需要的是改变“精益求精不划算”的传统观念，发扬工匠精神踏踏实实地迎接费时费力的转型升级“大考”。只有挺过了这一关，我们才能像德国那样实现逆袭，把“中国创造”树立成新的世界级金字招牌。

练习：尊重每一道工序，抓好每一个细节

诚意之作不是光靠热情就能完成的。工匠有着把工作视为使命的激情，但做事时依靠的是严苛的理性。他们不厌其烦地重复着一道道工序，全神贯注地审视着每个细节。一件产品的诞生离不开多个部门的合作，里面注入了无数工作人员的心血。假如有一个环节出问题，其他人的努力可能就要白费了。

拥有233年悠久历史、在全球范围内掌控270多亿英镑资产的英国巴林银行，在1995年被荷兰国际集团以1英镑的象征性价格收购。让这个老牌银行巨头轰然崩塌的，是一个未能及时消除的“错误账户”。

飓风起于巴林银行新加坡分行。

巴林银行原来有一个账号为“99905”的“错误账号”，专门用于处理交易过程中因疏忽造成的失误。1992年夏天，伦敦总部全面负责清算工作的哥顿·鲍塞要求新加坡分行经理尼克·李森另设一个“错误账户”，以便分行自行记录并处理较小的错误，减轻伦敦总部的工作量。

于是，尼克·李森设立了一个号码为“88888”的“错误账户”。这个账户专门用来处理错误的数据。但不久之后，巴林银行总部又要求新加坡分行继续沿用过去的“99905”来处理错误数据，弃用“88888”账户。但尼克·李森并没认真执行命令，反而悄悄把这个新设的账户当成自己掩盖失误的工具。

不知不觉中，“错误账户”累积的失误越来越多，把巴林银行新加坡分部拖入了困境。

当时才28岁的尼克·李森说：“我一心想挽回88888账户中的损失，所以我总做非套期交易。可是，这种交易就是一种风险最大的赌博。”在近乎赌博的交易中，他连连失败。1994年初，“88888”账户损失2000万英镑，到当年7月时，这个数字飙升到5000万英镑。

为了得到更多资金来填补亏空，尼克·李森打着为客户提供保证金的旗号来向英格兰银行申请向海外转移资金。按照英国的规定，其他银行把超过总数25%的资金寄往海外是非法行为。可是，由于当时英格兰银行负责监察商业银行的官员疏忽大意，居然默许了巴林银行的申请，让尼克·李森堂而皇之地从伦敦总部申请到5000万英镑的资金来填补“88888”账户里的亏空。

其实，巴林银行在年初审计各大分行时，是有机会及时弥补这个错误的。

总部本来派出了一位以一丝不苟著称的女审计员，但这位审计员在前往新加坡的途中被召回。总部另外派了两名态度马虎的审计员。他们没认真核对报表，未能发现尼克·李森假造的花旗银行存款账户其实根本没钱。不过，这两位审计员倒是向总部提议，不要让尼克·李森同时兼任风险管理员，而是从总部另派一人专门负责。可惜这个建议未能引起高层

重视。

1994年12月，距离巴林银行破产还有两个月时间。巴林银行在美国举行了一次巴林金融成果会议，两百多名在世界各地工作的巴林银行高层管理者参加会议。讽刺的是，尼克·李森居然还被大家当成业内楷模。他的上司罗恩根本没有察觉到“88888”账户的问题，只是满脑子想着尼克能为公司带来多少利润。

到了1995年时，尼克·李森已经给巴林银行造成了高达1亿6千万英镑的损失，光“88888”账户上就亏空了5000万英镑。当巴林银行总部察觉此事时，尼克·李森又多方作伪，谎称与SLK公司进行场外交易，制造了花旗银行收到5000万英镑的假象。

这个问题本来也是可以避免的。

因为，巴林银行信贷部早在1993年夏天就决定对SLK公司提供的限额为500万美元，远远低于尼克·李森谎报的数字。但总部却不可思议地决定掩盖自己的失误，为尼克·李森又带来了一个月的喘息时间。当时有人把此事写进备忘录，但谁也没有认真过问那5000万英镑的去向，甚至竭力掩盖此事。

最终，尼克·李森欲盖弥彰的做法失败了，巴林银行也因此破产。

从这则惨痛的教训中，我们不难发现，尼克·李森的欺上瞒下本来是可以被纠正的。假如每个环节都能严格遵守规章制度，甚至只要某一个环节能再认真点，就能发现尼克·李森的把戏，及时止损，不至于让“88888”账户沦为他掩盖失误的私人道具。

由此可见，一个企业想要稳定发展，必需从上到下都树立一丝不苟的严谨作风。像工匠对待名作那样，尊重每一道工序，抓好每一个细节。为了做到这点，企业员工应当学会坚持原则不让步，以强烈的责任心对待细节问题。

中建一局集团建设发展有限公司总工程师周予启是个把产品质量视为生命的人。他曾经在2010年做出了一件“疯狂”的事，为了避免安全事故而把地铁站厅的地砖砸开，重新施工。

当时中建一局与深圳地铁集团进行合作。周予启发现地铁线路的施工存在缺陷。由于地铁的行驶速度很快，对两条轨道的允许变形差只有四毫米。如果超出了这个范围，就会发生安全事故。而深圳地铁某站的轨道未能达标存在不小的隐患。为了对地下建筑物进行加强，中建一局需要进地铁站里面进行施工，于是周予启把方案报给了地铁公司。

但地铁公司的相关专家委员会担心这会影响乘客出行，不准施工人员进入大厅，只能在外面进行维护。这个方案难度更高。故而中建一局不得不把地铁大厅出入口位置的地砖全部破除掉，以便实施后一道加固工序，但这还是会对乘客出行造成一定影响。

深圳地铁集团对已经修好的站厅地砖被砸一事非常恼火。当时有领导质疑道：“谁让你们把站厅的地面砸了？地铁无法运营你们负得了责吗？”周总工程师寸步不让地说：“接下来我还要把出站口的地砖全部砸了，你们如果想罚款的话就等我全部砸完再一起罚。”

在他的坚持下，地铁集团同意了中建一局的加固方案。地铁的隐患被成功排除了，乘客也能更放心地乘坐地铁了。

这种对乘客安全负责的职业操守，也是工匠精神的一种体现。正是凭借这种精神，中建一局到现在已经荣获近百项“鲁班奖”，在2015年荣获了中国政府质量领域最高奖——中国质量奖，其首创5.5精品工程生产线，主持编制了中国第一部绿色施工企业标准，成为中国最早最多获

LEED认证（国际绿色认证）的企业，创造了中国工程界无数个第一。

工匠精神有着穿越时空的伟大力量，但它体现在一个个微不足道的细节当中。轻忽细节是人类常见的毛病，特别是那些看起来没什么影响的细节，很难得到大家的重视，然而其中很可能将就隐藏着我们可能出现的错误。

学习工匠精神，最需要的不是感叹“大国工匠”们超乎常人的品格，而是先学会他们认真对待一切问题的态度。

睿智的将军总是把小敌人当成劲敌来打，处处周密部署，谨慎戒备，所以从来不会被敌人打得措手不及，这种态度也是“工匠”的作风。敲好每一颗钉子，拧好每一个螺丝，工具使用后按规定精心保养与回收，把每个小细节做好，一步一步把大系统也做精。不把任何工作上的事情当成儿戏，永远怀着对产品质量与消费者生命财产负责的责任心。

真正的工匠精神，就是这样一板一眼，看起来平凡无奇。如果能在日常工作生活中坚持这点点滴滴的敬意，你就会逐渐丢掉浮躁马虎的坏习惯，领悟精益求精、追求极致的智慧与勇气。千里之行，始于足下，踏好每一小步，才能不跌大跤，走向辉煌。

第五章

FIVE

一步一印，铸就个人品牌的不二法门

在社会高速运转的今天，我们巴不得用一本书穷尽一个行业的专业知识，企图只花一个月就掌握一门新技能。循序渐进太慢，一步到位，只争朝夕。于是各种速成法教材风行一时，催生了许多只有花架子的半吊子。这种急于求成的浮躁心态，对个人的进步与产业的升级而言都是一只“拦路虎”。

不同于互联网的快节奏，工匠精神强调的是“慢功夫”。传统的工匠教育模式是师父带徒弟，师父先考验徒弟几年人品，然后再让他们打几年下手，这些磨炼通过后才传授真正的手艺。师带徒模式至今在某些行业还留有影响，尽管它已经不符合现代社会的形势，但我们不能忽略其最大的优点——踏实。

如今很多人没有耐心去花时间充电，只梦想着碰上一个千载难逢的机遇，迅速获得成功。可是，没有扎实的功底就无法生产出精品，也就不能赢得高品质的口碑。有时纵然机会多多，也没有足够的能力去把握。

品牌的意义在今天越来越重要。树立个人品牌，离不开工匠精神。工匠精神推崇能力至上原则，要求大家在自己的专业领域练出一身真本事。若想做到这点，必须戒骄戒躁，踏踏实实地下功夫提高自己的水平。心太急的人根基不稳，只会弄出不堪一击的花架子，走不远。而这样的人越多，作风踏实的人越能脱颖而出。

不肯下“笨功夫”就没有“硬功夫”

高超的技艺是工匠的首要标签。人们评价一名工匠是否优秀，首先看的是他们手上的功夫。技术领域容不下半点虚夸，没有金刚钻的人，根本揽不动瓷器活。

无论是古代手工业还是现代制造业，工匠都是按照技术能力来分工的。只有具备某道工序所需的技术素养，才会被批准从事该工序的工作。大师级工匠也是从最基本的环节做起的，每学会一门技术就多接触一道工序，就这样逐级递进，直到掌握全部的技术与工艺流程。

古人不懂摄氏度的概念，靠观察炉火颜色来判断炉温（即火候）。当火候达到了一定程度时，才能进行相关的冶炼工序。纯青色的炉火表明温度已经达到了当时的极限水平。而想要烧出纯青的炉火，需要不断添加各种燃料来提高炉温。这是个循序渐进的过程，没有投机取巧的余地，只能老老实实地做笨功夫。

由此可见，工匠的成长之路具有严谨性、有序性、科学性，想要一步登天是不切实际的。如果想成为高级技术专家，唯一的出路就是勤学

苦练。无论人们发明多少看似巧妙的“快速学习法”，最终都离不开这种“笨功夫”。

我们常用“鬼斧神工”与“巧夺天工”来形容大师级工匠的精湛技艺，却看不起那种投入大产出少的笨功夫。殊不知，不肯下“笨功夫”就练不出“硬功夫”。“熟能生巧”是个硬道理，掌握技巧的前提就是技术熟练。任何具有传奇色彩的工匠，都少不了一番勤学苦练的经历。毫不夸张地说，他们身上那些令人赞叹的顶尖技术，都是无数笨功夫累积而成的质变。

1987年，中国建筑业联合会为了激励工程行业提高水平，设立了“建筑工程鲁班奖”，简称“鲁班奖”。这个奖项在1993年转入中国建筑业协会。1996年，“国家优质工程奖”与“建筑工程鲁班奖”合并为“中国建筑工程鲁班奖（国优工程）”，由建设部与中国建筑业协会颁发。鲁班奖是我国建筑行业工程质量领域的最高荣誉奖，这个奖项的命名颇有中国传统的祖师爷崇拜色彩。

古代中国各行各业都有祭拜祖师爷的习俗。祖师爷大多是本行业的创始人或杰出代表，比如木匠行业与建筑行业的祖师爷就是大名鼎鼎的能工巧匠鲁班。作为传奇工匠，鲁班大师下的“笨功夫”远超我们的想象。

鲁班是春秋时鲁国人，又名公输盘。他不是中国历史上第一个木工，却有着高超的手艺与出色的创造力，据说他是钻、刨子、锯子、铲子、曲尺、墨斗、鲁班锁的发明者或改良者。这位祖师爷级的奇人是怎样成长为绝世工师的呢？

据说鲁班为了拜师学艺，翻越了九十九座大山，趟过了九十九条大河，来到终南山下时，当地人告诉他要走九百九十九条道正中的那一条，才能见到隐居深山的木工大师。

当鲁班拜师的时候，师父并没有一开始就教他工匠手艺，而是先让他把钝了的斧头、刨子、凿子磨快。鲁班二话不说，磨了七天七夜，把这些工具磨得非常锋利。

可是，师父还是没教他手艺，而是让他把门前那颗大树给锯下来。那颗大树大到需要几个人才能合抱。鲁班没有畏难情绪，默默地用锯子锯了十二天十二夜，终于把大树锯倒了。

谁知师父又让他把大树砍成一根光滑圆润的梁柱。换作别人，可能早就不耐烦地放弃了，鲁班却没问缘由，又认真地砍了十二天十二夜，完成了这个任务。

没想到，师父检查了梁柱以后，又要求鲁班在梁柱上凿两千四百个小孔，必须是方孔、圆孔、三角孔和扁孔整整齐齐地各凿六百个。等鲁班一丝不苟地做完这件事时，已经是十二天十二夜之后了。

师父对鲁班的表现非常满意，便将他领进屋里。只见屋中摆满了各种精致的建筑模型与家具模型，鲁班看得惊叹不已。师父要求他把所有的模型都拆开再装回去，然后就离开了。

就这样，鲁班每天都扎在屋里研究各种模型。他把所有的模型都拆装了好多遍，熟悉了各种木器与建筑的构造。不知不觉，三年过去了。师父一把火烧掉了所有的模型，然后让他全部再造出来。鲁班顺利地通过了这次难度极高的考试，后来又按照师父的新构想做出了许多新作品。

至此，鲁班年纪轻轻就出师了，成为天下公认的能工巧匠，被历代工匠尊为祖师爷。

在鲁班学艺的传说中，他的师父用了别具一格的教学方法。

师父让鲁班磨快工具、伐木、把树干加工成梁柱、凿不同的孔，都不过是最普通的木工活。鲁班花大量时间做这些单调枯燥的重复工作，正如达·芬奇画鸡蛋一样，都是在训练基本功。他的师父很睿智，没有急于传授技艺，而是让鲁班通过做任务来熟练掌握工匠的基本技法，让他熟能生巧。别小看这些“笨功夫”，任何眼花缭乱的技术都可以分解为简单的基本技巧。基础扎实的人学东西牢固，还能举一反三，而基本功差的人只能练成半吊子。

在鲁班完成第一阶段的训练后，师父又开启了新一轮的基本训练。作为工匠，只有充分了解各种建筑、器具的结构，才能做出像样的作品。师父让鲁班把模型拆了再装，看似没教什么东西，但鲁班在动手的过程中需要思考琢磨，最终才能领悟制作各种器具的关键。

这两个阶段的基本功训练并不需要多么高深的技巧，恰恰需要耐得住寂寞与枯燥的笨功夫。而这一点，正是当代人非常缺乏的一种素养。

在制造业为主导的社会中，自然是严谨精确的工匠精神为王，但在互联网行业主导的今天，快速灵活地跟踪热点更容易吸金。这样一来，十年苦练基本功不值当便成了大部分人自然得出的判断。但互联网行业野蛮生长的另一面是高淘汰率，互联网行业产品没有过硬的核心技术与人性化的服务，就难以在市场上赢得一席之地。

而要做到这两点，正需要企业和员工多下“笨功夫”，把产品质量雕琢得更精致，把工艺流程改进得更合理，让爱岗敬业、精益求精的工匠精神深入骨髓。

这些自我改进都是“笨功夫”往往不会产生“吹糠见米”的直接效益，但只有下足了“笨功夫”，企业与个人才能练就一身硬功夫。

互联网时代的市场瞬息万变，谁也料不到下一个新的增长点会从哪里冒出来，但技术扎实、制度合理、工艺精良的企业总能更好地适应市场变化，做出比竞争对手品质更高的特色产品，提供比竞争对手更人性化的用户体验。工匠精神最可贵的就是不浮不躁，凭硬功夫说话。

如今，“互联网+”浪潮正在促进所有传统行业的转型升级。当工匠精神插上了“互联网+”的翅膀后，身怀硬功夫的企业将获得前所未有的发展机遇，在目标市场中将树立起业界良心的口碑。肯下“笨功夫”的学习型员工也将会借此完成深厚的知识技能积累，成为响当当的业界标兵。

戒骄戒躁，丢掉“花架子”

《西厢记》里有个词叫“银样镴枪头”。镴指的是铅锡合金，俗称焊锡，是重要的现代工业原料。焊锡制造的枪头看起来银光闪闪、威风凛凛，其实根本不能与钢铁制造的真刀真枪抗衡。所以，“银样镴枪头”被用来特指那种中看不中用的事物，比如只能糊弄外行的“花架子”。

明朝抗倭名将戚继光在其著作《纪效新书》中提到：“凡比较武艺，务要俱照示学习实敌本事真可对搏打者，不许仍学习花枪等法，徒支虚架，以图人前美观……钩镰叉钯如转身跳打之类，皆是花法，不惟无益，且学熟误人第一。钩镰叉钯花法甚多，铲去不尽，只是照俞公棍法以使叉钯钩镰，庶无花法，而堪实用也。”

这段话的大意是：练习武艺应该学那些有实战价值的技法，而不能搞中看不中用的花架子（花法），否则在战场上会反受其害，钩镰叉钯等武器的传统训练内容中就有很多花法。后来，戚继光根据抗倭名将俞大猷的棍法改良了这些兵器的打法，只留下真正有效的实用功夫。

倭寇多为从小修行的职业武士，武艺精湛自不消说；明军官兵大多训练松懈，并且平时练的往往是花架子，经不起硬碰硬。而戚家军士兵多为矿工出身，虽然作风剽悍，但毕竟不通武道。经过戚继光务实的严格训练后，他们都熟练地掌握了扎实的真功夫，完全克制住了倭寇。

戚继光用这种极度务实的作风，打造出了战无不胜的戚家军。

实战技法是朴实无华的，一招一式看似简单，但真正的较量就看这几下。花架子虽然拉风，但会被那些简单的实战招数迅速制服。无论一颗鸡蛋以多么令人眼花缭乱的方式去碰石头，碎的都只是虚有其表的鸡蛋，而不是硬实的石头。

正如老子所说："大丈夫处其厚，不居其薄，处其实，不居其华。"做人应该厚重务实，不能轻薄浮华，否则会在学习工作中摔个大跟头。

作为一名学习型员工，应当戒骄戒躁，丢弃所有的花架子，像工匠那样一板一眼地练真功夫。无论在哪个领域，出类拔萃的大师都是靠过硬的真本事立身的。那些企图投机取巧的模仿者只能照搬大师的皮毛，无从获得其神韵。由此做出的成果必然因含金量不足而无法经受时间的检验。

如今各式各样的"成功学"遍地都是，但这些理论让企图快速获得成功的人们变得越来越浮躁，越来越执着于走捷径。他们把99%的精力用来找捷径，在不知不觉中耗费了原本可以练成真功夫的时间，最终依然碌碌无为、满腹牢骚。

其实，每个人的先天条件不一样，所处的后天环境也大相径庭。成功是多种主客观因素共同作用的结果，别人的成功模式对你可以有一定的借鉴意义，但归根到底，你是无法复制别人的成功的。

比如，梦想成为推理小说家的人可以从阿加莎·克里斯蒂那里学到推理小说写作的基本技巧，但无法写出与之具有同样高度的作品。因为，阿加莎在小说中提到的许多知识点都是真正的专业知识，而非寻常作者虚构的猎奇内容。阿加莎的小说不仅布局周密，案件涉及的知识点也非常精确。特别是后者，让推理小说界无数作者望其项背。

推理小说的核心内容是破案，最考验作者功底的是设计严密的推理过程与巧妙的犯罪手法。犯罪手法不巧妙，就抓不住读者的心弦，就支撑不起严密的推理剧情。例如，下毒是罪犯常用的凶杀手法，阿加莎可以说是最擅长写投毒犯罪的推理小说家，她不仅能设计出花样百出的下毒手段，更重要的是，她在故事中描写受害者死状与该毒药的效果无不符合化学知识与医学原理。这是阿加莎作品的一大特色。

在那个没有互联网的时代，作家搜集素材比今天的人困难多了，但阿加莎有着得天独厚的优势，因为她在开始写侦探小说前的本职工作是药剂师。

在第一次世界大战期间，阿加莎在英国的一家医院里工作。她最初的工作是药房的药剂师助理，经过专业的培训并通过考核后，阿加莎开始配置药剂，在那个年代，她是一个含金量颇高的技术人才。这段特别的工作经历让她接触到了大量毒药和化学知识，也让她萌发了写侦探小说的想法。

在阿加莎的处女作《斯泰尔斯庄园奇案》中，凶手运用了三种化合物杀人。死者埃米莉·英格尔索普太太的后背反张，身体摆出了一个夸张的拱形，恰恰是中了马钱子碱毒的表现。比利时传奇侦探波洛调查此案，解开了凶手复杂而隐晦的作案手法。

阿加莎在这部小说中设定的下毒手法，来源于一本叫《配药的艺术》

的药剂师考试参考书中的真实案例。此外，她平时很喜欢看学术读物《药学期刊》。对专业知识的深入学习为阿加莎的创作提供了丰富而生动的素材，所以她写出的故事有着寻常作家所不具备的真实感。

构思巧妙的《斯泰尔斯庄园奇案》初步奠定了阿加莎在推理小说界的地位。有趣的是，这部小说后来居然被推荐为英国化学系学生的课文。作者对毒药知识的了解，显然已经达到了专业级水准。

《斯泰尔斯庄园奇案》的成功激励了阿加莎的热情。此后，她一边继续写侦探小说，一边持续关注药学知识的前沿动态。市场上每出现一种新药，阿加莎都会找专家请教，然后再设法设计到故事情节中。她很懂得扬长避短，主要从化学方面来写侦探的破案线索，而很少谈及自己不熟悉的枪弹知识。可以说，对细节的精益求精和对专业知识的认真积累使得阿加莎成为推理小说史上的泰山北斗之一。

一部好的作品，固然需要过人的技巧，但更多的是靠创作者的知识储备与写作功底。没有扎实的基本功，没有长期的积累与思考，就不会写出要精彩有精彩、要深度有深度的作品。这就好比戚继光批评的武学花式招法，光有架势，没有力道，不堪其用。

传统工匠的训练周期很长，老师传道授业也是精雕细琢。先磨炼徒弟的心性与意志，再传授基本功的练法，待到基础扎实之后再教更高的技艺，最后才把看家本领倾囊相授。这种教学方法的缺点是太慢，优点是毫无花架子，能练出真正的行家。

尽管这种模式不再适合今天的快节奏社会，但学习型员工应当取其精华，主动树立戒骄戒躁的踏实作风，一步一个脚印地提升自己的真本领。

无论社会发展多么快，笑到最后的也未必是最先抢跑的人。浮躁的

人只练了个花架子就想闯出一条捷径，殊不知，高品质制约低品质已经成为大势所趋。缺乏含金量的产品最多只能昙花一现，想像过去那样靠投机取巧撞大运来获得成功会越来越困难，那种急于求成的浮躁做法注定会遭遇后劲不足的瓶颈。在快速迭代升级的时代，缺乏后劲者很快就会被底蕴深厚者打败，成为大浪淘沙中的失败者。

总之，当周围的人越浮躁的时候，我们越要沉得住气，脚踏实地，练好真本事，不玩花架子。每个致力于自我增值的人都将在未来的残酷竞争中赢得更多的发展机遇。贯彻厚积薄发的工匠精神，终会让你受益终生。

大师的绝技与一万小时定律

錾刻是一门古老的艺术，在中国流传了将近三千年。工匠使用特制的工具——带有各色花纹的錾子敲击加工对象，从而在金、银、铜等金属器皿上錾刻出事先设计好的浮雕图案。制作一件精美的錾刻工艺品，需要经过十几道严格的工序，对工匠技术有着极为苛刻的要求。

专题片《大国工匠》第二集《錾刻人生》，讲述了北京工美集团的国家高级工艺美术技师孟剑锋的事迹。

2014年北京APEC峰会，与会的外国元首及夫人得到了一件巧夺天工的中国传统工艺品——用纯银精雕细琢錾刻的“和美”纯银丝巾。这件令人赞叹的纯手工国礼，正是出自工艺师孟剑锋之手。

一条纯银丝巾质地柔软，图案清晰光亮，制作起来并不容易。为了做到这点，孟剑锋经过反复试验后，亲手特制了二十几把錾子。其中，最小的錾子要在放大镜下做整整五天。并且，手工制作专用錾子只是整个工艺流程的第一步。

精美的图案其实是由光的折射形成的，这需要在厚度仅有0.6毫米的银片上錾刻无数条相互交错的细密的经纬线，不经过上百万次的錾刻敲击，纯银丝巾就无法成形。这项工艺的难点不仅在于敲击的工作量巨大，更在于技术要求高。每一次敲击必须一步到位，如果半途停下，就会打出不合规格的錾子印。此外，工匠不但要稳准狠地进行上百万次敲击，还不能錾透薄薄的银板。只要出现哪怕一次失误，前一百万次錾刻就前功尽弃了。

为了追求完美，孟剑锋决定用四个银丝中国结给装纯银丝巾的果盘做托。由于最初没有规定必须是手工制作，所以工艺师们打算用机械把银铸造中国结的样子，再将其焊接到果盘上。

然而，孟剑锋发现机器铸造出来的银丝存在十分细微的砂眼。尽管外行人并不能看出端倪，但孟剑锋认为只有毫无瑕疵的纯手工作品才配做"国礼"。所以，他不顾手上一层层的水疱，坚持用银丝手工编织中国结。毫不夸张地说，这些完美无缺的国礼倾注了大师级工匠的艺术之魂。

孟剑锋从业二十年，不断追求极致，超越自我，才练就了鬼斧神工的技术。假如没有多年的积淀，大师不可能成为大师。那么，一个什么都不懂的门外汉，经过二十年努力的话能否练出震撼世人的绝技呢？这个问题涉及一个古老的争议——决定某人一生高度的究竟是先天禀赋，还是后天努力？

一粒蕴含无限生命力的种子，如果脱离了土壤，被丢进玻璃瓶里慢慢枯死，就不可能成长为参天大树。同样道理，天赋是一种宝贵的易耗品，天才不努力就是废材，这几乎是所有人的共识。然而，庸才拼命练，就一定能达到天才的高度吗？

英国作家马尔科姆·格拉德威尔提出了一个风靡全球的"一万小时

定律”。这条定律的核心内容是：任何人只要经过一万小时的努力，就可以从庸才变为某个领域的专家甚至大师。这是马尔科姆搜集了大量各界成功人士的素材后统计出来的结果。

所以，当你觉得理想遥不可及时，不妨扪心自问，是否在追梦的道路上努力了一万小时？这是可以估算出来的。以每天平均努力八小时，一周努力五天来计算，完成一万小时的积累至少要花费五年。而且，在扣除了吃喝拉撒睡与工作、娱乐的时间后，每个人可支配的剩余时间很有限。再加上如今人们的时间越来越碎片化，大段的整块时间几乎成为稀缺资源，这使得积累的进度大大减缓。常言道：“台上一分钟，台下十年功。”这就是一万小时定律的中国式解读。

其实，兼通文理学贯中西的大文豪鲁迅先生早已提出过类似的方法论。他曾经说过：“无论什么事，如果连续搜集材料，积之十年，总可以成为一个学者。”这短短一句话包含了四层意思：办法——连续搜集材料；周期——十年；成就——成为专业学者；适用范围——任何方面。

正所谓“大道至简，要言不烦”，对于那些热衷寻找捷径的“速成法爱好者”来说，鲁迅先生这句话其实就是一个“捷径”。

十年时间作为寿命来说很短暂，作为学期却很漫长，相当于初中三年、高中三年、大学四年的总和。但是，无论你怎样度日，迟早会用掉十年的时间，既然如此，为什么不踏踏实实地努力呢？连续搜集材料的方法并非什么高难度的任务，除了认真与耐心，几乎不需要什么令人眼花缭乱的技巧。

积累量变，引发质变，堪称最简单最直接最明了的成功之道。

懒惰者会把可以用于充电积累的业余时间浪费在无所事事上，另一类人倒是还算努力，只是缺乏专注力，学绘画没多久就跑去练小提琴，

过了一阵又改玩户外运动。无论是哪种坏习惯，都会拖慢人们的“一万小时”进度条。人在散漫的四处游击过程中会逐渐忘却最初的努力目标，在关键的地方停滞不前。于是乎，二十年后，一万小时的倒计时依然定格在最初的起点，踏实积累的人与荒疏懈怠的人就这样拉开了难以逾越的距离。

当然，在完成一万小时的积累后，专家们也会在各自的领域因为天赋的差异而分出一二三流，尽管如此，他们也已经到了专家级的水准。资质平庸者也许无法成为泰山北斗般耀眼的大师，但同样可以通过积累成就一番令他人竖大拇指的业绩。

没有长达一万小时的积累，学徒不会成长为足以出师的工匠，而工匠也不会进一步成长为大师。任何神乎其神的绝技都是熟能生巧的产物。无论是怎样平凡的岗位，只要用心去做，坚持积累，就可以取得不俗的成就。

踏实也是工匠精神的基本要义之一。衡量工作是否踏实的标准很多，而一个精确的标准就是看“一万小时定律”进度条。具体办法可以灵活设计，需要注意的有以下几个方面：首先，立个一万小时倒计时牌。类似“考试前100天”“竣工前30天”的倒计时牌对人们具有强烈的提示效果，能给人足够的鞭策力度。通过一万小时倒计时牌，我们可以清楚地看到自己距离专家级水准还差多少个小时。倒计时牌的设置形式可以根据个人喜好调整，不拘泥于固定的格式，只要能让自己随时注意到即可。

其次，完成多少小时的功课就从一万小时中扣除多少小时。一万小时很漫长，我们每天能真正用于训练和积累的时间很短。可能你昨天积累了两个小时，今天没空只能练习半个小时，努力时间长短都应记录在案。需要注意的是，不能自欺欺人，擅自高估自己的练习进度。“一万小时定律”是以没有水分的努力为前提的。假如这一万小时中掺杂了水分，你就会发现到头来自己根基打得不牢靠，像空中楼阁一样落不到实处。

最后，一个目标只树立一个倒计时牌。有些朋友爱好广泛，学东西杂而不精。而“一万小时定律”强调专注一域。把不同的功课混在一起倒计时，实际上也是一种偷工减料的行为。这并不是反对大家学习更多的内容，只是，积累时间应该分别计算。比如，练专业技术与学习法律知识的时间进度不能混为一谈，因为这是两码事。

总之，贯彻工匠精神需要极大的耐心，除了踏踏实实地完成一万小时的积累之外，没有任何捷径可走。

你不成功，可能是因为“心太急”

“效率就是生命。”这句话在互联网时代可谓金科玉律。从某种角度说，社会上普遍的浮躁风气诞生自人们急于实现梦想的心态，而急于求成的心态恰恰源于提高效率的内在需要。换言之，片面追求效率是导致人们变得越来越浮躁的根本原因。

世界上至少有三种人：碌碌无为者，大器晚成者，年少成名者。IT业巨头微软公司的创始人比尔·盖茨显然属于第三类。他是哈佛大学的辍学生，20岁时与好友保罗·艾伦共同创办了微软公司，他从40岁那年开始，连续当了13年世界首富，成为无数财经媒体研究的对象。

比尔·盖茨的后辈，2008年全球最年轻的亿万富翁马克·扎克伯格，他的创业生涯是从2004年开始的。那时，他还是哈佛大学计算机系和心理学系的高才生，也是20岁时在学校宿舍里创办了后来著名的Facebook——全球最受欢迎的社交网站之一。只用了短短几年，哈佛辍学生扎克伯格就成了媒体眼中的“比尔·盖茨第二”。

孔夫子说“三十而立”，扎克伯格今年才32岁，正是做事业的大好年龄。这位“80后”企业家如今已经成为互联网时代一个不可磨灭的符号，而我们身边许多已经年过而立的青年还在为自己微薄的收入与未卜的前途感到迷茫。

同龄的成功人士已经誉满天下了，后起新锐也在快速崛起，你为什么还没获得自己所希望的成功？起点太低？出身条件不优越？缺乏门路和机会？行业形势不佳？竞争对手太强？领导不够支持？诸如此类的因素都可能阻碍你的成功。那些喜欢怨天尤人的人们无非也就是用这些理由为自己开脱不成功，很少会反思自己能力的不足。也许，他们未必不知道自己的短板，只是更喜欢把失败归结于外因，而非内因。日本著名企业家稻盛和夫曾经也是这种人。

稻盛和夫成长于日本战后最困难的时期。那时候全国经济都不景气，工作很不好找。年轻的稻盛得到了一份收入不高的工作，他工作踏实，很少出错，但却迟迟没有加薪。时间一久，稻盛和夫的工作热情越来越低，整天抱怨职场不公。

终于有一天，他哥哥忍不住批评道：“如果你养成了怨天尤人的坏习惯，无论在哪里工作都会遇到同样的问题，与其整天嫉妒同事埋怨上司，不如先提高自己的素质。”这番话深深地震撼了稻盛和夫的心灵。从此以后，他不但加倍努力工作，还不断改正自己的坏习惯。随着个人能力素质的日益提高，公司高层意识到了他的价值，不断给他涨工资，并委以重任。再后来，稻盛和夫在27岁时辞职创业，创办了京都陶瓷公司（现为“京瓷”），又在52岁创办了日本第二大通信公司——第二电电（原名DDI，现名KDDI）。他把这两家公司都带入了世界500强的阵列，被誉为日本商界的“经营之圣”。

稻盛和夫的成功还是比较快的。相比之下，肯德基品牌创始人哈兰·山德士上校的创业之路就波折得多了。

哈兰·山德士40岁那年在肯塔基州开了一家可宾加油站。为了提高服务质量，他用加油站的小厨房为顾客制作快餐，其中的招牌菜就是后来著名的肯德基炸鸡。谁知他做的炸鸡名气反而超过了加油站，随着顾客的增多，哈兰·山德士干脆在马路对面开了一家餐厅。经过扩建后，这个餐厅可容纳142人。为了改良炸鸡的口感，哈兰·山德士在接下来几年中不断研究炸鸡的配料（肯德基的核心技术）。到了1935年，他的炸鸡已经成为肯塔基州的地方特产。州长为此特意向他颁发了肯塔基州上校官阶，故而世人至今称他为“山德士上校”。

哈兰·山德士又别出心裁地在饭馆旁开了一家汽车旅馆，创建了美国首个集食宿与加油为一体的企业。他感到自己缺乏管理企业的知识，便专程前往纽约的康乃尔大学进修饭店旅店业管理课程。由于客流量不断增大，炸鸡的速度难以满足顾客的需求。哈兰·山德士又在1939年研究出了用压力锅快速炸鸡的新办法，只需要15分钟，美味的炸鸡就能出锅。这项新技术使得哈兰·山德士的饭馆在全球大萧条时期也依然生意火爆。

可是，第二次世界大战的爆发给了哈兰·山德士当头一击。美国当局实行石油配给制度，而新建的肯塔基州高速路恰好要穿过他的饭馆。他不得不关闭所有的企业，花掉了所有的积蓄来偿债。

那一年，哈兰·山德士56岁，从富翁瞬间变得一贫如洗，每月只有105美元的救济金维生。除了炸鸡技术，他一无所有。但他决定将这笔无形资产充分利用起来，通过传授炸鸡技术与提供配方原料来吸引饭店加盟的兴趣，并出售山德士牌炸鸡的特许经营权。

第二次创业非常艰难，哈兰·山德士开着车从肯塔基州走到俄亥俄州，每经过一家饭店就向老板展示炸鸡的方法。整整两年，他被拒绝了1009次，终于在第1010次时得到了第一次认可。

1952年，第一家被授权经营的肯德基餐厅在美国盐湖城开业，这也是餐饮加盟特许经营模式在全球的发端。哈兰·山德士时来运转，五年后就在美国和加拿大开了400家连锁店。

1955年，肯德基有限公司正式成立，年近古稀的哈兰·山德士成为媒体的焦点。他穿着白色西装、戴着黑框眼镜出现在大众面前，这个经典形象至今仍在全世界所有的肯德基餐厅展示。

1964年，74岁的哈兰·山德士上校以200万美元的价格将肯德基有限公司卖给一家投资集团。1971年，经过他的同意后，该投资集团又将年营业额已超过两亿美元的肯德基产业出售给休伯莱恩公司。此后，肯德基品牌不断转手，但哈兰·山德士上校开创的快餐炸鸡与特许经营模式一直不断传承，如今的肯德基依然是全球最大的炸鸡连锁集团。

自从2008年全球金融危机以来，全球经济都陷入了低谷。但比起改革开放前的情况，我们所处的环境并没有恶劣到没饭吃的地步。现实无疑很严峻，竞争无疑很激烈，但你不必为自己尚未成功而焦急，因为急也急不来。在羡慕比尔·盖茨和扎克伯格年少成名的时候，我们也不能忘记哈兰·山德士的大器晚成。

山德士上校一生两次创业，第一次一帆风顺，第二次先苦后甜，他身上具有了不起的工匠精神。无论是制作炸鸡还是开创特许经营模式，哈兰·山德士上校无不是全力以赴、精益求精。假如不是因为拥有这个技术资本，他就算跑一万个饭店都不会得到机会，而且，他对自己

炸鸡品牌的自信、对事业的执着，时时处处都贯彻着工匠般的骄傲。没有经过千百次的反复实验，哈兰·山德士不可能为全球快餐业的提速和经营模式带来革命性创新。

所以，不成功的外因很多，但内因恐怕只有一个——我们自己还没形成不可替代的个人能力与个人品牌。想要做到这点，就得老老实实遵循工匠精神，一步一个脚印地锤炼自己。可惜，现在很多人心太急，满脑子想着一步到位，不肯认认真真地做功课。俗话说："欲速则不达。"妄想一夜暴富的人，既不会年少成名，也不可能大器晚成，只会在抱怨与折腾中碌碌无为。

现在，你知道自己离成功有多远了吗？看看榜样们做过哪些功课，自己还需要补上多少功课吧！

误区：埋头苦干=作风踏实

作风踏实的人经常会为了攻克某个难关而埋头苦干，但整天埋头苦干的人不一定真的作风踏实。

当你发现一位“老黄牛”式的人物得不到大家肯定的时候，先别急着打抱不平。假如仔细核对一下其工作细节，说不定会发现他只能论苦劳而没法论功劳，没有什么拿得出手的贡献。这种人可能看着很勤奋，经常忙得连轴转，睡觉时间短，工作起来忘记吃饭，可是如此下血本的努力却只是完成了其他人不太费力就能做到的事。左看右算，都是效率低下的特征。

问题出在哪里呢？就出在“埋头苦干”这四个看起来很有正能量的字眼上。

“埋头苦干”本来是个中性词，包含了专心致志与艰苦奋斗两层含义。但我们过去用这个词的时候，总是默认一个前提——该人是沿着正确的方向与清晰的发展规划来“埋头苦干”。事实上，这个前提并不总是成立。

有些人忙得焦头烂额，恰恰是因为在战略层面疏于规划，才导致自己在战术层面疲于奔命。这种勤奋无疑是表象，本质上反而是一种隐晦的费力不讨好的偷懒。

一名优秀的工匠在施工之前，必定会认真画好图纸，计算工期与用料，把各项准备工作做充分了以后才进入正式的施工阶段。从理论上说，这是最靠谱的做事方法；从实践上说，这是被国内外制造业领军企业反复证明的专业素养。遗憾的是，我国制造业领域还有很多不重视工艺流程与职业素养的从业者。

改革开放以来，人民群众发现落后的生产力根本无法满足日益增长的物质文化需求，各行各业也没发展成熟。赶超国外，迅速缩小与国际水平的差异成为那一代中国人的共识。粗放型的管理模式最符合当时各领域野蛮生长的大背景，为了追求速度，有条件要上，没有条件也要创造条件上。而所谓的“创造条件”往往是一些“小聪明”的土办法，并不利于行业技术走向专业化。

因此，我国很多行业至今还没完全摆脱粗放式管理，企业员工虽然普遍懂得怎样使用最新的智能手机，却没能改掉粗放的工作习惯。那怕那些看起来干活很卖力，天天满头大汗、废寝忘食的人，也并未认真思考过怎样改进工作方法以提高效率。他们只是为自己的吃苦耐劳沾沾自喜，自认为是应当受社会敬仰的业界劳模。殊不知，这种不假思索的“努力”，在对品质要求越来越高的今天早已急剧贬值。

那么“埋头苦干”与“作风踏实”之间的区别到底是什么？1990年的电影《横空出世》中有几段情节，对此给出了很好的注解。

从前线归来的冯石将军被上级任命为我国原子弹试验基地的负责人。

他对原子弹与科学技术一窍不通，却毅然接受了这个前途未卜的艰巨任务。

尽管在业务上高度依赖专业技术人员，但冯石并没有放弃学习与思考，他不是专家，也积极跟着专家参与实地考察。当得知苏联专家准备在敦煌进行核试验的提议时，冯石坚决否定了这个方案，并亲自带队在敦煌场区进行了全面细致的考察。他将考察结果写出了详细的报告，最终中央相关领导开会讨论后同意改选新的场址。

接下来，冯石带着一支精干的勘察小分队进入戈壁深处寻找新的场址。经过细致的勘察后，大家选择了被西方探险家成为“死亡之海”的罗布泊作为我国的原子弹试验基地。

作为外行，冯石对科学家非常尊重，但他并不满足于做个甩手掌柜。因为在一穷二白的条件下，他要尽最大努力去帮科学家们解决后顾之忧，为他们提供符合科学标准的实验条件。在此期间，他与科研项目带头人、归国科学家陆光达发生了两次争执。

陆光达是典型的知识分子，在科学问题上毫不妥协。他发现施工用水的质量不符合工程标准时，以强硬的态度要求工程兵部队重建。冯石起初对此不以为然，因为我军在多年的战争环境中一直缺乏资源，总是尽可能地用土办法救急，并不具备专业技术工人的严谨作风。但陆光达的一丝不苟给冯石上了一课，让他意识到自己负责的大工程任何一个环节都是生死攸关的。

汽车团违反操作规定，陆光达毫不客气地要求撤换这支部队。冯石将军与战士多年出生入死、肝胆相照，他马上去向陆光达求情。在激烈的争论中，陆光达也意识到造出原子弹不光靠技术，还需要战士们的赤胆忠心，最终做出了让步。而汽车团的战士经过这次教训也明白了科研工作的特殊性，集体宣誓今后在每个细节上都要严格遵守科学家的要求。

艰苦奋斗与相互学习，是这部电影的精神主干。

缺乏科学素养的军人学到了科学家身上认真严谨的作风，科学家也被军人甘于奉献的品格感染，双方以同样的吃苦精神投入原子弹的研究中。军人与科学家这两个差异很大的群体为了共同的使命携手共渡难关，让原子弹在这个一穷二白的国家横空出世。

军人以战斗为天职，吃苦耐劳，忧患意识极强，做事不玩花架子，但弱在没有经过系统的职业技术训练。假如没有正确的知识指导，他们务实的态度也并不能发挥出真正的价值。陆光达对工程兵战士的批评表明了这点。

由此可见，想要完美地完成任务，既离不开艰苦奋斗的坚强意志，也离不开科学合理的工作方法。只有把两者结合在一起，才是完整的“踏实作风”。某些人的误区在于，只是一味埋头苦干，光看数量不讲质量，也没想过自己是否为完成任务而耗费了过多的资源。

知识经济是未来的主流。自从2008年金融海啸以来，全球经济一直很萧条，反过来也影响着中国。市场竞争愈加残酷，粗放型生产模式制造的产品会越来越失去竞争力。把产品做精、做细、做出特色，提高技术含量，才能脱颖而出，占据更多市场份额。这就需要我们中国制造的所有员工转变观念，不再把“埋头苦干”简单视为勤奋的代名词，而应当像工匠那样按照科学合理的方法严谨做事。

“吃苦耐劳”的精神只有在成功时才会被当成励志故事，否则只是劳而无功的代名词。在你下决心努力之前，不能不认真思考这份努力是否有价值。

在可以预见的未来，一部分人会因为心浮气躁而被淘汰，一部分人会因为不思进取而被淘汰，一部分人会因为只知“埋头苦干”而不愿意认真思考而被淘汰。总之，只有善于发现问题和研究问题的人，才称得上是作风踏实。一味照搬既有经验的做法，终究是不动脑子的蛮干。只埋头拉车而不抬头看路的“老黄牛”与真正的工匠精神背道而驰。

无论是做出更好的东西还是更好地做东西，都应该重视前期规划与准备。踏踏实实地做准备是战略层次的勤奋，可以为后期施工阶段节省很多力气。如果一个人只在战术层次上勤奋，而在战略层次上懒惰，注定无法摆脱疲于奔命的状态。这种情形下，汗水出得越多，就越是浪费生命能量，终会落得个出力不讨好的悲剧。

练习：争取第一次把事情做对

兵器工程师常用一个术语“首发命中率”，首发命中率指的是第一发炮弹命中目标的概率。现代战争有着“发现即摧毁，首战即决战”的说法。当发现目标后，能否首次射击就击毁目标将在很大程度上决定胜败。为此，兵器工程师绞尽脑汁地提高武器的首发命中率，而操作装备的士兵也严格训练第一发炮弹就命中目标的本领。

这个理念在人们日常工作中的体现，就是争取在第一次就把事情做对。第一次就把事情做对，并不是说你必须什么事都严丝合缝地一步到位，因为这个要求完全脱离了实际。万事开头难，再周密细致的计划，执行起来往往也会这里调整一下、那里修改一点，这是工作中的“常态”。但有的人以保持随机应变的灵活性为名；懒于做严谨的计划，导致反复折腾，浪费资源，这是工作中的“变态”，应该极力避免。

工匠精神强调踏实原则的直接原因就是，任何不踏实的行为都可能造成返工，甚至有不少耗资巨大费时费力的工程就因为一两个不必要的疏忽而前功尽弃。比起施工阶段的误差，规划阶段的遗留问题简直是灾难。

印度的“阿琼”主战坦克有一项纪录至今无人能打破——研制时间最长的坦克。这个纪录让阿琼坦克与印度战斗车辆研究院沦为兵工行业的笑柄。

1972年，印度陆军打算用新一代主战坦克替换老旧的现役坦克，新型坦克的研制工作由1974年成立的印度战斗车辆研究院负责。新型主战坦克被命名为“阿琼”。

印度军工人员雄心勃勃，想做出印度第一个从设计到生产都国产化的优秀产品，但事实证明他们还是犯了眼高手低的错误。在此之前，印度从未自主研发过主战坦克，只是自行装配过英国维克斯有限公司设计的“胜利”型主战坦克。但装配别人设计的产品与自主研发一个产品完全不是一回事，特别在要求更加严苛的军工领域，将两者相提并论是非常不严谨的行为。

隶属于印度战斗车辆研究院的各个子公司分别负责研制和生产阿琼坦克的各类配套的子系统。由于缺乏经验，研发单位的管理与协调状况非常糟糕。子公司之间各自为政，毫无合作意识，费尽心血研制出来的套件无法匹配整合，导致整个研发计划一拖再拖。

坦克的研制周期较长，通常需要十几年。阿琼坦克首批两辆原型车原本计划在1983年12月出厂，可是技术与管理上的缺陷使得研制进度一再落后，直到1984年3月原型车才出厂亮相。印度国防部原计划让阿琼坦克在1985年列装印度陆军，可是两辆原型车因为发动机技术不过关，迟迟无法进行测试。

无奈下，印度放弃了完全自主研发的念头，转而寻找来自国外的技术支持，比如和生产豹2系列主战坦克的德国公司合作。最终，研发单位决定采用德国10缸柴油机作为阿琼原型车的动力，但印度军工从1983年开始到1990年，整整七年只生产了12辆装配进口动力系统的阿琼MK-1原

型车。

尽管阿琼坦克在20世纪90年代的印度国庆阅兵中亮相，但依然存在大量的技术问题，没有通过1994至1995年的测试评估。

在折腾了大量时间与金钱后，印度陆军在“支援国防工业建设”的舆论压力下，迫不得已让阿琼坦克服役，在2000年3月订购了124辆生产型阿琼MK-1坦克。结果军工单位直到2004年8月7日才把第一辆生产型阿琼MK1交付给印度陆军。这批拖延交货的产品仍有很多故障，不得不停止使用。

阿琼坦克不但研发时间奇慢无比，造价比当时最先进的美德主战坦克还贵很多，装备性能与可靠性却非常差劲。且不说是否达到最初的设计目标，即使这时它们能满足过去的设计目标，也已经落后于当前的战场需求了。换作其他武器大国，可能此时连下一代装备都已经研制出来了，就连印度本国的陆军都不想要这款噩梦般的劣质产品。

阿琼坦克这个反面教材充分体现了不善于规划、不能及时纠正错误的灾难性后果。

第一次就把事情做对，包含两层意思：其一，在事前规划时就充分考虑好方方面面的问题，避免出现方向性大错；其二，在执行阶段要经常检查，一旦发现问题就在第一时间更正，而不能视而不见。

当一个人选择了错误的路径时，再出类拔萃的才华、再辛勤的努力、再多的资源支持，都只是在失败的路上越走越远。正如南辕北辙的典故一样，方向不对，努力白费。

经济领域有个术语叫作“沉没成本”。你为某件事所耗费的所有时间、精力、财物等支出都是所谓的“沉没成本”。沉没成本最大的特点是不可回收，也就是说，你付出的代价是无法收回的，只能通过其他收益来平衡。

赌徒的恶习是输了钱以后老想再赢回来，为了挽回之前的损失而一次次加大投入。到头来，背负的债务像滚雪球一样越滚越大，为了挽回“沉没成本”而损失更多的代价。因此，方向性错误带来的结果往往都是致命的。

类似的情况在生活中比比皆是。当人犯下第一个错误后，或出于自负，或出于贪心，或出于不甘，或出于懊恼，都会选择花更多力气去弥补这个错误，这就好比是工匠因为一时失误而不得不多次返工一样。所以，第一次就争取把事情做对，不留下后遗症，就不需要我们一而再再而三地花时间精力去挽救“沉没成本”了。

美国通用电气公司从20世纪90年代开始应用六σ（读作六西格玛）管理法。“σ”是希腊字母，原本是一个统计单位，用于衡量一个总数中的标准误差。普通企业的瑕疵率为3～4个西格玛，四西格玛意味着每一百万次机会中有6210个瑕疵。当企业把质量提高到六个西格玛的程度时，相当于在一百万个机会里只有3.4个瑕疵。

六西格玛管理法最初用于提高产品质量管理水平，后来发展为一套覆盖企业方方面面的科学管理工具，其中心思想无非就是在工作过程中不断重复“第一次就把事情做对”的行为。通过反复的监督与检查，从源头上消灭质量问题，力求减少产品的返工率，提高生产质量。随着时代的发展，六西格玛管理法逐步发展成一个以客户为主体来确定企业战略目标和产品研发设计的准绳。

若想达到第一次把事情做对的程度，我们对待工作应该像工匠对待产品质量那样一丝不苟，设计方案或制定计划像工匠设计图纸一样合理可行。无论在规划阶段还是执行阶段，遇到变数与波折是在所难免的，

但我们不能因此忽略对工作效率与质量的高要求。以科学严谨的态度来制定详细周密且保留一定弹性的规划，可以最大限度地减少执行过程中走弯路的可能性。在执行过程中，我们应该严格遵守规章流程，确保每个步骤都一丝不苟，这样才能避免我们的心血打水漂。

第六章

SIX

从菜鸟到专家，不断精进是工匠的灵魂

每个人，从起点开始就是不完美的，哪怕是那些一出生就含着“金钥匙”的人也会有某些不足。也许你的学历不够显赫，经验不够丰富，样貌不吸引人，体弱多病，反应迟钝，见识浅陋，心灵脆弱，拥有的资源也很少……但这些只是不利条件，还不能算是真正的失败。只有放弃努力之后，这些不利条件才会演变成彻彻底底的失败。

从不完美的起点出发，追寻完美的结局，正是人生的初衷。只是在这个曲折坎坷的道路上，太多太多人会因丧失信心而停下脚步，断送未来的无限可能。工匠之路也是如此，泰山北斗级别的大师曾经也是一无所长的职场菜鸟。他们凭借惊人的毅力不断学习，取长补短，突破自身的瓶颈，终成一代良工。

如果问什么是工匠的灵魂，大概就是那颗不断追求精进的求道之心。为了做好每一个细节，工匠可以废寝忘食地研究实验；为了弥补一个短板，工匠可以从头开始学习新知识。对工匠者而言，求知求道是一辈子的事。把上好的材料制作出精良的器具，是工匠的使命；把不完美的自己雕琢成业内方家，是工匠的人生。

无论从事什么行业，人都应该尊重不完美的自己，不放弃任何努力，实现自我增值。到那时，你就能自豪地说：“我没有变成自己曾经讨厌的人，我成了自己曾经敬佩的人。”

从尊重不完美的自己开始

人是社会动物，重视等级，热衷攀比。无论什么东西，一涉及攀比，定然是几家欢喜几家愁。人很容易在对比中发现自己的不完美，伤了自尊心，有了挫败感，自我评价如漏刻的标尺一样不断降低，最后就放任自流了。

人之所以脆弱，大半在于不尊重有缺陷的自己。

尽管明知不完美的地方不会因为逃避而消失，许多人却依然会选择麻痹自我，千方百计地忽略掉这些令人不开心的东西。因为他们害怕自己的不完美被周围的人嘲笑，失去了面子哪怕是自暴自弃的人，也曾有过强烈的自尊心。但他们都没能扛住沉重的挫败感，否定了努力的意义，也否定了自己更上一层楼的可能性。真正可怕的不是不完美的自己，而是不能坚持尊重自己，没能在灰心丧气时扶自己一把。

日本有一则颇为有趣的民间传说。深山里有一种癞蛤蟆，比其他蛤蟆外表更丑陋，还多长了几条腿。人们抓住这种特殊的蛤蟆时会把它放在镜子前，这种蛤蟆会被自己那奇丑无比的外表吓出一身油来。这种油

是一种珍贵的药材，所以采药人会利用这种蛤蟆的特性来采集蛤蟆油。

日本电影大师黑泽明导演在晚年写了本自传，借用这个典故，将书名定为《蛤蟆的油》。他觉得自己就是站在镜前的蛤蟆，看到了过去的种种不堪，吓出一身“油”来。

我们不妨换一个角度来看这个问题。这种奇特的蛤蟆在看到自己的丑陋外表后才会被吓出具有珍贵药用价值的油，如果用四个字来形容，不正是“知耻后勇”吗?

当一个人发现自己身上的种种毛病，深感痛心疾首，下决心发愤图强洗刷耻辱，由此获得的更出色的能力与品行，不正是蛤蟆身上那种被吓出来的珍贵的油吗?

不完美的自己固然令人难堪，但更加令人不堪的是自暴自弃。坚持到底的人最后不一定会名动天下，但至少能搞清楚自己的极限究竟在哪里，避免因过早放弃而浪费潜能。

《列子》里有个关于乐师的传说。

春秋时的郑国人师文喜欢音乐，拜当时著名的琴师师襄为师。他的学习进度缓慢异常，学了整整三年还不能调好琴弦，弹不出一首完整的曲子来。师襄对这个笨学生已经绝望了，让他从哪里来就回哪里去。

但师文不肯放弃。他恳求道：“老师，我不是不懂调弦，也不是弹不了完整的曲子。只是现在的我，精神还不能专注地想着琴弦与乐曲，不能与乐器产生心灵上的感应。所以，我一直不敢放手拨弦，请老师再给我一点时间，看看我接下来能做到什么地步。”

过了一阵子，师襄问进展如何，师文当场给老师表演了各种曲子。

师文在春天拨动了商弦，弹出了南吕的音律，凉风忽然吹起，草木长也出了果实。他在夏天拨动了羽弦，弹出了黄钟的音律，霜雪开始降落，河流湖泊突然结起了冰。他在秋天拨动了角弦，弹出了夹钟的音律，暖风缓缓回旋，草木逐渐发芽开花朵。他在冬天拨动了徵弦，弹出了蕤宾的音律，阳光变得炽烈，融化了冰雪。一曲将尽时，师文又拨动了宫弦，弹出了四季调和的音律。此时，南风徐来，祥云飘荡，甘露普降，清泉流淌。

师襄听后，连连拍手赞叹道："你演奏的曲子美妙无比，就连师旷、邹衍这样的著名乐师也不能超过你。说不定，他们听到后还会带着琴弦和箫管向你请教呢。"

师文终于练成绝艺，正式出师了。

在前三年的学习中，师文遇到了瓶颈，迟迟没有进展。但他并不灰心丧气，而是冷静地找出了症结所在，突破了自己的局限，将琴艺练得炉火纯青。假如没有前三年的努力，他不可能认清自身的不足，也就无从找到克服短板的办法。假如他真的因自己进步太慢而放弃努力，绝对不会听到老师的高度评价。

师文在师襄眼中是不完美的，甚至是低于平均水平的。师文也深知自己的不完美，所以他学习了三年依然没有信心去放手拨弦。但他尊重不完美的自己，在刻苦训练的同时也没有放弃自己，哪怕老师放弃他，师文也坚持不自暴自弃。从结果来看，师襄想辞退师文时，师文已经为山九仞，就差最后一点突破，假如前功尽弃，岂不是太亏了吗！

每个人有每个人的情况，什么时候该放弃，什么时候该坚持，是一门没有标准答案的学问。但有一点需要扪心自问，放弃是因为这件事本身不值得做，还是你觉得自己注定要被这件事放弃，所以先放弃了这件事？

如果是前者，无疑明智之举。如果是后者，就有可能是不尊重自己的努力。

黑泽明在《蛤蟆的油》一书中提到一件往事，言辞间颇为愤懑。

他说：“一位年轻导演在一次会上说：‘如果明治时代的人不快些死去给下一代腾出位置，我们不论怎么想出头也无法出头。’我有幸没参加这次会，后来我听成濑巳喜男先生一说，大为惊讶。一向寡言的成濑先生听了这番话，苦笑着说：‘尽管你这么说，可他们也不能为此而寻死呀。’类似这类青年导演，从来不认真思考自己，却专对别人妄加非议。他们不假思索地说：‘要是允许我花那么多时间和金钱那样的片子我也拍得出来。’他们不知道，浪费时间和金钱，人人都会，但有效地使用它，却需要才华与奋斗。自己不想前进和奋斗的家伙，即使别人死了空出位子，他也没有补这一空缺的能力。”

“自己不想前进和奋斗的家伙，即使别人死了空出位子，他也没有补这一空缺的能力。”——黑泽明的确一针见血。

那位年轻的导演既不尊重他人也没尊重自己，他这番抱怨显然是承认自己的不完美，明白与资深前辈之间存在的差距，想要缩小这个差距，除了才华与奋斗，没有第二条路可走。但年轻导演否定了自己可以通过努力变得更加完美的正确道路，妄图用“等胜利”的方式来上位。按照这种观念工作生活，到头来依然是原地踏步的弱者，不会取得丝毫进步。就算老一辈实干家集体从历史舞台谢幕，新一代的奋斗者又会如雨后春笋般纷纷崛起，而妄图“等胜利”的人也只好在夹缝中继续自己的失败之旅。

尊重不完美的自己，是走向进步的起点。

每个人都会遇到自身的瓶颈，此时如果不肯用刻苦学习来正面突破，就会让自己的缺陷一辈子如影随形。尊重自己的人不会轻易放弃努力，也不会为了维护自己虚荣的面子玩小聪明，正如优秀的工匠都推崇实力竞争。不抛弃，不放弃，为心灰意冷的自己打气，带着不完美的自己踏上精进之路。

总之，每个人都有不完美之处，都可以把自己变得更完善。爱护有待提高的自己，尊重积极上进的自己，人生之路才能走得越来越宽阔。

自我增值才能获得回报

每个人的价值大小是由社会来决定的。当社会不认可时，天才也只能默默无闻。

荷兰著名画家文森特·梵高在美术史上有着极高的地位。如今，他的名画价值高达3.77亿元。然而，他生前并不出名，还穷困潦倒，只卖出了一幅画，时人对他的印象不过是一个生活混乱精神失常又恰好喜欢画画的疯子。迟到的认可让他的艺术人生充满了悲剧，好在社会最终还是给予了他公正的评价。但是，每个人的价值大小首先取决于自己。正如你口袋里的钱，可以买垃圾食品，单纯被消耗掉，也可以用来扩大再生产，收获更多的经济价值。

生命本身就有无与伦比的价值，善加利用的人可以不断增值；敷衍生命的人会不断贬值，最终耗尽自己仅存的价值。种子不是参天大树，但种子有可能长成参天大树。然而只要不发芽，种子只能是种子，在千万年后会变成毫无生命气息的化石。也就是说，只有发芽的种子才有望成长为参天大树，只有懂得自我增值的人才能让生命释放出更多价值，获得社会与历史的认可，这是从社会中获取更多回报的不二法门。

从菜鸟新手到资深人士是一条自我增值之路，这条道路上唯一的路标就是“学习”。在这个信息过剩的时代，新事物层出不穷，新知识也伴随新事物不断更新，学习能力已经成为第一竞争力。学习型组织与学习型员工将凭借自我增值挺过时代浪潮的反复淘洗，进化为新时期的佼佼者。

10%的天才学什么都能轻松上手，10%的废材什么都学不会，80%的普通人要费一番苦功方能学到本领。

所谓的“天赋”，是一个难以量化的奇妙事物。天赋并不会自动转化为能力，如果不能有效开发，价值等于0。其实，大多数人都还没努力到需要拼天赋的程度。很多事情只要肯下功夫去钻研，用点心去反复改进，就能做得很好。因此，自我增值的决定性因素并非先天资质，而是后天努力。同等资质的人从同样的起点开始奋斗，谁的努力更多，谁用的方法更好，谁就能获得更多进步，达到更高的高度。

西晋文学家左思文采出众。他的文章曾经大受世人赞美，人们为了传抄其文，竟然让洛阳的纸张供不应求，价格上涨。这便是成语“洛阳纸贵”的出处。

然而，左思小时候不但不是少年天才，反而一度被看作脑袋不开窍的笨蛋。

左思出身儒学世家，拥有良好的受教育条件。他儿时先后学过钟、胡书、鼓琴，谁知一个都没学成，成为士族中的一段笑谈。他的父亲左雍大摇其头，对友人说：“左思学东西还没我小时候快。”父亲的批评让左思大受刺激。他没有放弃自己，而是加倍努力学习，立志要写一篇让天下文

豪都赞不绝口的绝世好文。

一个缺乏天赋之才的人该怎样提高文章质量呢？没有捷径可走，唯有精雕细琢。

左思以工匠制作珍宝的态度来对待文章。据说，他花了足足一年时间才写完《齐都赋》。左思觉得自己见识不广，不利于创作精品。为了写好《三都赋》，他担任了秘书郎一职，并向许多人请教。秘书郎的工作是编修国史，能接触大量资料，这让左思的视野与知识储备有了长足的进步。

为了写好这篇赋，他花了整整十年时间反复构思和修改，把每一个字句都提炼到极致。据说，左思在家中各处都设有纸笔，以便随时记录灵光一闪的好词句。左思通过完全不带水分的十年努力，终于写成了著名的《三都赋》。

左思相信自己苦修来的文才不输给班固、张衡等汉代文学名家。但他职位不高，在文坛缺乏声望。为了不让心血之作被埋没，左思带着《三都赋》去拜访名士皇甫谧。

果然，皇甫谧非常欣赏左思的文章，亲自为《三都赋》写了序。后来张载、刘逵等人又分别替《魏都赋》《吴都赋》《蜀都赋》作了注释。于是士族豪门之家争相传抄《三都赋》。文坛名士的口碑传播最终引发了"洛阳纸贵"的现象。

有趣的是，大文学家陆机也在写《三都赋》。当他得知左思也在写时，曾经嘲讽道："一定要拿这个粗鄙之人（指左思）的文章来封盖酒瓮。"谁知陆机读完左思的《三都赋》后赞不绝口。他自叹文采不如左思，一把火烧掉了自己以前写的《三都赋》手稿，表示辍笔。

应该说，左思并不是西晋最顶尖的文豪，但他硬是凭借十年的精雕细琢，最终完成了震惊整个文坛、连嘲笑他的大文学家陆机都自叹不如的

《三都赋》。要知道，陆机是个同样勤奋的天才，他的由衷赞叹验证了左思作品的含金量。

论综合实力，陆机自然要胜过左思。但左思将自己的全部智慧和心血倾注到《三都赋》中，并将这种“大功率输出”的能量保持了整整十年。这样锻造出来的诚意之作，就是极致的努力带来的自我增值。

实现自我增值并不等于简单的闭关修炼，也不是说只要多读书、读好书、记下更多高精尖知识就行了。因为学习的最终目的是致用，自我增值的最终目的是获得更多的回报，提升自己的生活品质。有些人虽善于学习知识，但钻研的都是些派不上用场的屠龙之技，虽说人生并不需要处处追求实用，但社会基本上只会承认你实用的那一面价值，冷峻的现实容不下太多花架子。

为此，我们应该放宽自己的视野，把个人的自我增值与社会的发展需求结合到一起。在这方面，海里的鲸堪称人类的榜样。

鲸在海洋生态系统中扮演着非常重要的角色，生物学家将其称为“营养回收者”。鲸在海洋的不同水层之间游动，它们的粪便因富含铁元素而发红，通过粪便为那片海域搬运必要的营养。科学家认为，有鲸群出没的地区往往有更高的海洋生物产量，因为这里有良性的生态循环。鲸的主要食物是磷虾，而且食量非常大，而磷虾的生长需要铁元素。所有海洋生物都无法离开浮游藻类生存，而海面上的浮游藻类恰恰喜欢在富含铁元素的环境中生长。所以，浮游藻类在富含铁元素的鲸粪便附近大量存在，而喜欢吃浮游藻类的小型海洋生物也在这一带繁衍生息。生物链环环相扣，共同提高了海洋生态系统的产量。尽管鲸总是在较深的水层里寻找食物，但它们也会在阳光明媚的时候浮上水面排便。

深海中的营养就这样被鲸带到了海面上，海面上的浮游藻类能够获得充足阳光和营养，增长得更快。

鲸用自己的粪便来搬运营养，提高海洋里的浮游藻类数量并“培育”自己的食物，形成了一个自给自足的小型经济圈，这个小型经济圈随着鲸活动的频繁程度又不断发展。

事实上，人的社会生活与鲸带动的海洋食物链相似，也是由多个圈子构成的。当你的能力与成绩提升后，会接触到更多更高层次的圈子。自我增值之路的本质无非是经营好自己的生活，从而组建自己的良性循环的小型社会经济圈。通过组建不同层次的圈子，我们将自己的才能与勤劳奉献给社会，再从社会中获得相应的回报。总之，想要让自己的事业、家庭、生活更上一层楼，唯有不断学习与自我增值。

盯紧前沿知识，突破个人瓶颈

天才不努力，迟早变废材。即使是成就非凡的天才，一旦停止了努力，也会被其他更有学习精神的天才打败。

西楚霸王项羽是个军事天才，他从小有大志向，却极度缺乏学习精神，曾经学书学剑学兵法，但无不浅尝辄止。项羽凭借一身勇力打破了秦军不可战胜的神话，最后却因战略的短视与用人的偏狭而陷入了十面埋伏的绝境。

从某种意义上说，项羽的失败是注定的，他不肯认真钻研兵法，所以无法突破自身局限。相形比较，击败项羽的韩信打了胜仗后还向手下败将的谋士李左车虚心请教；项羽的宿敌刘邦看似粗鄙，实则也通过不断学习提高了自己的眼界。楚汉相争的过程一波三折，但大局早已注定。

放眼古今中外，在某个领域取得卓越成就的人都要经过无数个突破个人瓶颈的关口。他们所依赖的攻关工具无他：一是学习精神，二是该行业的前沿知识。

彼得·杰克逊生在新西兰的一个小村庄，自幼酷爱电影与动漫。当时的新西兰没有专业的电影学校，杰克逊也缺少去美国留学的机会。如果换作普通人，也许会甘愿只做一个影迷，但杰克逊选择了和朋友们在艰苦的条件下自学拍摄。

在20世纪80年代，从美国邮购的影视杂志需要半年时间才能运到新西兰。美国当时有本杂志叫《超8电影特效秘籍》，里面有教人们如何自己动手拍电影做特效的内容。彼得·杰克逊得到书后，如饥似渴地钻研了里面的每篇文章，居然真的按照树上的教程自制了一台摄影机稳定器。

彼得·杰克逊为了实现自己的电影梦，从杂志上自学电影知识，亲手制作拍摄设备。他为了在商业圈获得一席之地，选择了自己擅长并有针对性的电影题材。为保持自由创作的环境，他依然留在新西兰，没有移居电影产业最发达的美国。

经过多年努力，彼得·杰克逊成了一位出色的电影导演。当数码技术尚未在影视制作行业流行的时候，他就敏锐地意识到了这个未来发展趋势。1993年，彼得·杰克逊与好友理查德·泰勒、吉米·塞尔柯克在新西兰首都惠灵顿开设了一家影视后期制作公司——维塔数码。维塔数码专注于服装、化妆、道具等环节的综合性视觉特效，后来的很多好莱坞大片的后期特效都出自这家新西兰公司的手笔。

其实，彼得·杰克逊本人并非电脑高手，他只是热衷于研究与众不同的视觉特效。为了把视觉效果做得更加美轮美奂，他才决心开拓这个前沿领域。

彼得·杰克逊1994年导演的《罪孽天使》是维塔数码第一个参与制作特效的项目。该片中犹如梦幻世界的特效让视觉效果产业在全球逐渐兴起，当年引领风尚的维塔数码至今仍是业内领军企业。

彼得·杰克逊牢牢抓住了未来电影的发展方向，迎来了事业上的辉煌。他先后导演了《指环王》三部曲、《金刚》《霍比特人》三部曲，这些视觉效果恢宏壮阔的电影如今早已成为好莱坞史上的经典。

从一个默默无闻的电影小粉丝成长为全球闻名的大导演，彼得·杰克逊被媒体誉为“新西兰最成功的电影发烧友”。他至今依然专注于改进电影中的视觉特效，从未止步。

知识就是力量。但大多数人都缺乏学习精神，也不懂得什么知识才是自己最需要的。

《道德经》曰：“为学日益，为道日损。”学习是一个增加知识储备量的过程，但做事又需要排除干扰，保持简明与专注。前者是做加法，后者是做减法。想要提升个人素质，就要学会灵活加减，而不仅仅是单纯做加法。

在信息有限的古代，博学之人尚且不能游遍无涯的学海。在知识迭代速度空前加快的今天，做个面面俱到的学霸更是痴心妄想。人的生命与时间是有限的，无法挑战无限增长的知识，这种先天不利的局面并不是靠热血和努力就能克服的。

每个人每天都只有24小时，吃喝拉撒睡的时间压缩得再少，能腾出来的时间也是有限的。况且，把基本生活用时压缩得太厉害，实际上是提前透支自己的生命，你提前支取的时间最终将转化为你病倒后用来恢复基本健康的修养时间。因此，想通过增加绝对学习时间来提高自身能力是一种寅吃卯粮的行为，绝不是长久之计。这时候更需要我们学会做减法，把精力聚焦于吸收自己最需要的知识。想做到这点，就应该正确地鉴别各种知识的价值。

我们第一步要做的，就是彻底抛弃“读书无用论”的错误观念。自从改革开放以来至今，我国仍处于社会转型期。在20世纪的最后20年中，各个领域处于野蛮生长状态，专业性发展式微，不少学历不高但社会经验丰富的闯荡者一夜暴富，他们中的很多人在相当长的一段时间内被社会当成了“成功学”的榜样。

当时有句流行语叫“搞导弹的不如卖茶叶蛋的”，这句话讽刺的是“脑体倒挂”现象，即拥有尖端知识的科学家的收入水平还不如大字不识的茶叶蛋小贩。所以很多人放弃了读书，早早地去创业赚钱。

此外，高校扩招后，大学生的数量激增，但专业课程的设置与我国社会发展需求有些脱节，使得大多数大学毕业生在离开学校后发现自己所学的专业知识一时用不上。这又进一步刺激了“读书无用论”的传播，不客气地说，正是这种不尊重知识的观念加剧了各行各业粗制滥造的作风。

随着社会发展水平的不断进步，我国各行各业也趋于专业化发展，原先那种凭借小聪明抓机会的做法正在失去发挥的空间。山寨产品滥觞的“中国制造”必然要走向提高技术含量与产品品质的新模式，这需要更多高学历高素质的人才来充实各个技术岗位与管理岗位。

在信息喷涌的互联网时代，如果不重视知识的积累与更新就很容易落后于时代。娱乐时尚的潮流追不追并不重要，重要的是我们在工作中能否盯紧前沿知识，了解事业发展的方向，把握新时代的脉搏。

把胡里花哨的时髦新闻放在一边，保持对未知领域的浓厚兴趣，永不嫌技多压身，只要看到更好的作品就会兴高采烈去研究琢磨，从而改进自己过去的不足。在技术上不断精进，突破一个个技术瓶颈，这便是“工匠”的学习精神。

可以肯定的是，我们中的大多数人都不会成为业内资深专家，毕竟任何领域的佼佼者都是少数的，而且如今的社会分工越来越细，博古通今的全知全能者越来越难以出现。但是每个人可以做到的是在庞大的社会分工体系中找到自己的位置，搜集自己所需要的知识，在自己选好的发展方向上不断积累知识技能。也许热爱学习的你不会成为提出划时代理论的学者，不会成为发明划时代技术的专家，但你完全可以成为某一个细分领域中造诣深厚的“工匠”，把自己变成更令自己钦佩的人。

无论我们从事什么行业，处于何种岗位，只有不断自我增值，不断突破自身瓶颈，才能树立起个人品牌，扩宽人生的无限可能。

误区：以为有一技之长就不需再学习

全面理解工匠的终身学习精神，本身也是一个学习的过程。

工匠精神倡导专注与学习，将二者结合起来就是：专注于学习主要领域的相关知识技能，在这个方向上不断取得进步。唯有如此，才能在各个环节上实现精益求精。

但从另一方面来说，钻得越深也越容易局限自己的视野，忽略其他的可能性。有些人通过刻苦钻研练成了令众人赞不绝口的一技之长，但他们往往过于依赖“一招鲜吃遍天”的生存方式，只是不断把自己的独门绝技强化强化再强化，却没有注意到业内的新发展趋势。结果，市场的气候一变，昔日荣光就成了明日黄花。

在东方国家中，日本被公认为是工匠精神的代表。也许大家不太容易想象，苹果公司产品iPod的精美后盖曾是日本匠人们手工打磨出来的。

在日本新潟县的燕市有一家叫“小林研业”的公司，这家公司的厂房是房龄高达四十多年的木屋，面积在100平方米以内。公司的外观与招牌看起来土里土气的，与其在金属加工品研磨领域的殿堂级地位毫不相称。苹果公司于2001年发售的iPod后盖光滑得如同镜面，其主要加工者就是小林研业的技师。

苹果公司与新潟燕市工匠的结缘要从更早讲起。2001年1月，苹果发售了世界上第一款以钛合金作外壳的电脑产品PowerBook G4。这台电脑外壳的制作者正是小林研业。

当时苹果公司想用铁合金这种高端大气上档次的尖端材料来制作自己的新电脑。但是美国铁合金协会否决了苹果的提议，因为苹果公司没有足够精良的加工工艺来完成这个挑战。热情满满的苹果没有打退堂鼓，而是放眼全球寻找能工巧匠。当时的产品项目负责人不断向世界各地的知名企业求助，以生产钛合金著称的日本强企神户制钢公司提供情报，说日本新潟县的东阳理工化学研究所拥有全球顶级的加工技术。于是，苹果与东阳理工化学研究所共同研发了钛合金材质厚度仅有0.4毫米的超薄钛合金笔记本。

据东阳理工化学研究所前负责人称："他们无惧失败。眼前的产品是不可能会失败的，所以他们要做出最完美的东西。"果然，苹果的工作人员被这件堪称艺术品的杰作彻底震撼，最高管理层中的六名成员特意来日本商量独占生产线的合同。

新潟县燕市从江户时代后期就开始发展刀具及金属研磨的产业了。其巅峰期大约在960年至1980年，如今依然是日本首屈一指的业内顶尖水平。随着中国制造业的崛起，燕市渐渐不复当年勇，唯有工匠们的研磨技术依然令全球难以望其项背。小林研业在燕市的研磨工会中稳坐头把交椅，苹果公司为了打造完美的iMac的支撑架，找上了小林研业。

不要小看手工研磨技术，这项工作的难度极高。寻常的加工者会用

剑麻布来打磨金属部件，除了一丝细微的痕迹外，已经光亮得和镜子差不多。但苹果发扬乔布斯帮主的完美主义精神，要求将金属磨得像镜子一样完全发亮，一丝痕迹也不准留。哪怕是以工匠精神著称的日本，也只有小林研业一家公司能达到要求。据说苹果委托的公司的销售代表为了找合适的加工方已经快崩溃了，当找到小林社长时，他已忍不住泪流满面。

公司社长小林钻研了40年的金属研磨技术，可谓行家中的行家。这位泰斗级工匠也对苹果提出的苛刻标准感到棘手。为了完成这个任务，小林社长先去大阪市准备必要的工具——不伤到零件的布。最终，他订购了大手纤维公司开发的新产品TD布，为苹果打磨了一年半时间的产品。

待加工的盖子仅有0.5毫米厚，而且不锈钢在摩擦生热后容易造成材质歪斜。这就要求工匠一方面必须具备高超的施力技巧，一方面要在打磨过程中注意不断散热。此外，检查产品品质的方式十分严苛。质检员在某个规定亮度的荧光灯下左右倾斜盖子，只要反射的光有丝毫偏差，就会判断为不合格品。倘若十个成品中的合格品低于八个，就会被判断失格。

在这样苛刻的标准下量产高品质的盖子无异于严峻的挑战。燕市的许多工匠认为，除非花两个月，否则无法顺利完成苹果的要求。但小林研业的五位工匠（包括社长小林）只用了五天就实现了极高的良品率，赢得了苹果的信赖与业内人士的赞赏。打磨一个iPod后盖的加工费仅为100日元，技术要求又很高。小林研业的五位工匠每天最多只能打磨出1800个左右的成品。

小林社长在此期间不断改良工艺，刷新行业标准。于是，日本匠人手工打磨的iPod后盖的光泽度已经接近了物理的极限。就在日本工匠把手工研磨技术发挥到人类极限时，苹果与燕市研磨工匠的蜜月期也结束了。

由于手工研磨的产能完全跟不上日渐增加的iPod销量，再加上劳动力成本不断上升，苹果决定削减成本。而小林社长看来，日本的匠人无法与中国的制造商竞争产能，只有严酷训练的极限手工技术才能完成某些工艺要求精密的产品。

2005年春天，苹果派人把小林研业工匠的整个研磨工艺流程一秒不漏地全部录制下来，这些凝聚了100多万次iPod后盖研磨经验的工匠绝技成为苹果后来机器研磨批量生产的范本。此后，苹果把打磨工作转移到了劳动力更廉价的国家，小林研业的辉煌也成了大家的回忆。

以工匠精神而言，日本新潟县燕市的研磨技师已经在手工打磨技术上登峰造极。尽管如此，以小林研业为代表的日本传统研磨行业还是无法适应剧烈的市场变化，不复昔日辉煌。其实，许多过于依赖“独门绝技”的企业都会出现这种落差。

毫无疑问，一技之长是往日努力的结晶，但一个企业的经营范围与发展策略不是一成不变的，也没有永远必胜的不变定式。在生活节奏不断提速的今天，“苟日新，又日新，日日新”不再只是老祖宗留下的格言，而是社会发展的真实写照。

在这个背景下，若想把工匠精神发扬光大，匠人们不光要在主要方向钻得深，还应当具备广阔的视野。

一技之长再厉害，也总有被竞争对手赶超的一天。唯有不断学习和不停创新，才能引领潮流，立于不败之地。这就要求管理者与员工都要注意审时度势，并保持开放的学习心态，勇于否定已经落后于时代的辉煌，创造自己的新绝技。随时关注行业的前沿动态，从更高的层次把握市场的发展潮流，这也是工匠精神之终身学习理念的应有之义。

练习：你从工作中学到了什么

“人不学，不知道。”学习的途径不只是听课，还有实践。除了学校以外，是职场最大的天然学习平台。除了院校专业课程外，最能让我们增长知识的就是工作内容。

曾经给施耐德中国区总裁做过助理的作家马伯庸感叹道：“做标书最考验一个人的工作态度，要求琐琐碎细致，时间紧迫，还要多个部门内外协调，同时考验细心、时间统筹、沟通和责任心。一个人在职场能走多远，投一次标，就摸得差不多了。”

这里说的“标书”指招标书。标书由发标单位或委托设计单位编制，主要内容是告知投标者发标单位或委托设计单位对该工程的主要技术、质量、工期等要求。这种文件包含程序条款、技术条款、商务条款几个部分，要求逻辑性强、用语精炼、表述准确、内容完整。由于投标活动涉及多单位与多部门，协调工作非常复杂，对标书制作者的业务知识、沟通能力、管理能力、细心、耐心、责任心有着很高的要求。

工作人员完成一次投标后会积攒很多经验值，综合能力也将得到充分的锻炼。故而，马伯庸认为投标工作可以检验出一个人的职场潜力。

每一种工作都存在相应的专业知识技巧，从事一项工作越久，人们受到的影响就越深。比如，医生在欣赏一部电视剧时可能会忍不住发出以下评论。“这个部位受伤不应该这样吐血。这个吐法应该是某某部位因某种原因导致的消化道出血……”“这个抢救估计救不活了！电极片贴错了，输血器没打开，还跟袖带在同侧，袖带也绑反了，快死了也不吸个氧，哭得这么梨花带雨的，CPR（心脏复苏术）还能做吗？”因为医生们对医院的事情太熟悉了，没法像其他职业的观众那样略过这些知识性错误，只管故事感不感人。

你对工作越上心，学到的东西就越多。工作不光能培养你的业务知识与人际交往能力，甚至可能改变你的整个人生观、价值观、世界观。

荣获第81届奥斯卡金像奖最佳外语片奖的日本电影《入殓师》，讲述了一个在工作中重新认识生活意义的故事。

由于乐团解散，大提琴手小林大悟在最后一次演奏完贝多芬的名曲《快乐颂》后，不得不接受失业的残酷现实。除了音乐，他没有一技之长。沉重的生活压力让他被迫卖掉赖以为生的大提琴，带着妻子从大城市回到了乡下老家。为了养家糊口，小林大悟接受了薪水很高但被众人所忌讳的殡葬工作——为逝者整理遗容的入殓师。

小林大悟最初非常反感这项工作。他的第一次上岗是帮老社长整理一位去世超过两个星期的独居老妇人的遗容。老社长佐佐木生荣手把手地向小林大悟传授入殓师的技艺。小林大悟带着恐惧与恶心，艰难地完成了任务。他回家看到妻子准备的鸡肉火锅时，却呕吐不止……

小林大悟第一次亲自整理的遗体是一个自杀的漂亮女孩，这个悲剧冲

击了他的心理。尽管薪水的确很高，但每天同棺椁、尸体打交道，目睹逝者家属生离死别的悲痛，让小林大悟对人生感到很沮丧。

他没敢告诉妻子自己的真实工作，因为他自己也看不起自己。妻子从DVD 中得知小林大悟的工作真相后，坚决逼他辞职。俩人争执不下，妻子回了娘家。

小林大悟内心充满了痛苦与困惑，但他还是坚持下来了。在看过了更多的悲欢离合后，他渐渐体会到这份不雅的工作的意义。怀孕的妻子回来劝他放弃入殓师的工作，却在目睹丈夫为澡堂老板娘做遗容整理仪式时被震撼了。小林大悟就像老社长那样，以诚挚之心一丝不苟地帮逝者整理遗容，把他们打扮得漂漂亮亮的。正是这份对生命的崇高敬意，让妻子最终理解了他的工作。

小林大悟不但从工作中学到了对生命的尊重，最终也解开了多年的心结。他不再为这份特殊的工作迷茫，也不再对自己的人生感到困惑，而是昂起头来堂堂正正地认真活下去。

《入殓师》中有句经典格言："当你做某件事的时候，你就要跟它建立起一种难割难舍的情结，不要拒绝它，要把它看成是一个有生命、有灵气的生命体，要用心跟它进行交流。"

像对待生命一样虔诚地对待工作，像经营生命一样经营工作。这既是小林大悟从工作中领悟的道理，也是工匠精神的真实写照。

从某种意义上说，工匠精神追求的是人的全面成长。这种成长体现在每个人的日常工作过程中。不懂得在"干中学"的人，就无法体察到工匠精神的真意，最多只是嘴上扯些漂亮的名词而已。

我国最大最现代化的钢铁联合企业——宝钢集团的冷轧厂内部流传

着一个关于“一把刷子”的典故。

冷轧厂上上下下曾经为汽车用钢板的产品率不高而头疼，这个重大技术难题一直困扰着技术人员。可是有一天，某批钢板的成品率突然变得很高。大家检查后才发现，原来有位工人偶然看到运来的钢卷两端有一些废屑，就顺手把两边给刷干净了。他万万没料到，自己无意间的举手之劳一下子解决了困扰全厂的技术瓶颈。从此以后，宝钢制定了一个新的标准工序——用刷子把热轧钢卷两边的废屑刷干净。

在此之前，宝钢就从国外引进了先进设备与轧机的工艺手册。手册里并没有这个操作工序，但宝钢的一位工程师去国外轧钢厂考察学习时也看到了刷子，他顿时明白了这把刷子的用途。这个没被写入工艺手册的操作工序，就是一线工人在实践中发现的工作小窍门。假如不是在一线工作实践过，是不会发现这个奥秘的。

不要小看这个小小的改进。由于此前国产汽车用钢板的成品率不高，我国只能大量进口外国的钢板。重工业产品的附加值极高，特别是不可替代的技术能形成垄断价格。在很多行业中，只要我国还不具备自主生产能力，进口的技术、设备、产品就非常昂贵。可一旦我国掌握了核心技术，可以自主生产毫不逊色的产品时，这些进口货马上就会大幅度降价。

由一把小小的刷子形成的新工序，让我国结束了汽车用钢板依赖进口的局面。这个普通工人在“干中学”总结出来的知识点，说是一本万利都不为过。

由此可见，工匠精神就是学习精神，具体而言就是一个人或者一个企业在“干中学”的精神。不断从实践中总结真知，再以实践来检验这

些真知。就这样，人和企业都在反复学习的过程中不断成长，发现此前没有发现的问题，找出前人未曾想过的办法。随着工作的时间积累，我们的学习进度也越深，只要持之以恒，就能成为事业上的标兵与生活中的达人。

想一想，你从工作中学到了什么?

每个积极上进的人都应该扪心自问，每个对生活悲观失意的人更该扪心自问。人生没有捷径可走，但任何人都可以通过不断学习来完善自己、攀登高峰。工作是一个天然的经验素材宝库，那些身上具有工匠精神的人可以从中领悟更好的人生。只有不善于利用这笔资源的人才会整天抱怨失败，而不反思自身。从这个意义上说，能从工作中学到多少东西决定了一个人能在事业与生活中走多远。

第七章

SEVEN

创意至上，让世界再前进一小步

具有工匠精神的人往往痴迷于技术创新，因为对他们来说，世界上最令人着迷的事情莫过于搞发明创造。人类文明的进步离不开工匠们的技术革新，无论是古代的能工巧匠还是当代的科学家与技术工人，都热衷于用自己的成果来改变生活，影响世界，正是他们屡屡为人类打开新世界的大门。

互联网的兴起颠覆了工业社会的运转节奏与组织方式。技术的迭代日新月异，知识经济也成为信息时代的主导方向。这是一个创意至上的年代，你永远猜不到明天的生活会被哪个微小的创新颠覆。包括制造业在内的传统行业受到了“互联网+”浪潮的广泛冲击，而创意文化产业在全球经济中的比例也不断攀升。我们可以借助发达的搜索工具比祖辈收集更多的资料，学习更多的新知识，以此点燃自己的创意。

从这个意义上说，浮躁的互联网社会能让人类能够尽情发挥创造力，也为人们贯彻工匠精神提供了更优越的条件。

工匠精神并不只是让人满足于被动的机械重复劳动，追求极致、务实创新也是其基本内涵。工匠之所以把工作当成爱好，就是因为充满了用发明造福社会的激情，他们以此为兴趣，勇往直前，乐此不疲。假如没有这股豪情，人就无法发现新问题并找到新的解决方法。每一个具有工匠精神的人都天然带有让世界再前进一小步的使命感，由此产生的自豪感，会让我们的人生更加快乐。

为人类打开新大门的“工匠”

在人类文明发展进程中，划时代的创新堪称最伟大的成就。从0到1的突破，好比是打开新世界的大门。世上没有比这更激动人心的事了。

如今穿越题材的故事非常流行，基本套路无非是当代人穿越到古代，用自己的知识技术掌控历史进程。这种美好的愿望看似符合历史向前发展的逻辑，其实根本不符合规律。

你带着枪炮到古代，可以变得天下无敌，但仅限于弹药用尽前。然后你会发现，为了补充枪支弹药，你要开化工厂来生产火药，因为古代的黑火药不能为现代枪械提供足够的动能；还要开钢铁厂来铸造足以制造枪管的钢材，因为古代最牛的冶炼技术也造不出这么好的钢；还要开专门的枪械制造厂，并且先在技术条件困难的古代造出车床；为此你又不得不开个火电厂来为生产机器提供动力；为此你还得先搞出足够多的煤矿……

可见，想用现代科技改变历史，首先得创造一个现代工业体系。然而古代人的技术条件根本不支持你的“奇思妙想”，他们也不具备足以操作

和研究这些现代技术的知识能力，你还得先从教育家做起，手把手传授技能。

总之，现代工业的复杂程度远超小说作者的想象。否则，人类的工业文明也不会花几百年、经过三次科技革命才积累到今天的程度，在此过程中，工匠以及由工匠演化而来的工程师扮演着为人类打开新世界大门的重要角色。

在风起云涌的工业革命时期，欧美列强国家相继发生了剧烈的社会转型，还没摘掉农业国帽子的德国已经意识到了发展工业的重要性。但极端薄弱的工业基础以及工业人才的极度匮乏，让完成工业化的目标对这个雄心勃勃的后发国家来说是一个巨大的挑战。无数德国工程师因此奋起直追，拉开了德国工业化的序幕，其中最有传奇色彩的是一位名叫奥斯卡·冯·米勒的工程师。

奥斯卡·冯·米勒是德国巴伐利亚人，出身当地贵族家庭。与其他贵族不同，他们家族原本是工匠，到了奥斯卡的父亲斐迪南·冯·米勒时才被巴伐利亚国王封爵，跻身贵族行列。

老米勒是巴伐利亚著名的铜艺师，其作品融合现代技术与传统神韵于一身。他曾于1851年参与著名的伦敦水晶宫博览会，作品在会上获奖。巴伐利亚国王为了表彰老米勒在铜艺作品上的深厚造诣，将其封为贵族。

当时的德国尚未统一，无论制造业还是工业都远比英法两强逊色，老米勒在出国之旅中深刻地意识到了这点。这位资深工匠的梦想是让全世界都对“德国制造”肃然起敬，显然，这是一个遥遥无期的艰巨任务。为了实现远大的工匠抱负，老米勒夫妇对他们的14个孩子寄予厚望，教育非常严格。年龄最小的奥斯卡·冯·米勒在父母的培养下，也把工业领域作为自己主攻方向。

继承了父亲工匠才能的米勒，对“古典”学问毫无兴趣，却酷爱工程与建筑。于是他进入巴伐利亚当时最好的技术学院（慕尼黑科技大学的前身）进修，主攻铁路、运河和桥梁建筑等专业。

米勒在求学期间还特意去巴黎、伦敦旅游，观摩当时全世界最先进的工程技术成果。给他震撼最大的是巴黎的一家收藏馆，这家收藏馆早在1794年就成立了，里面收藏了各个时期的多种机器、工具、模型、图纸，简直就是工程工业发展史的缩影。许多巴黎的大学生、工厂学徒甚至工人都经常来这里聆听学者的讲座。来自落后国家的米勒在此接受了一次工业文明的洗礼，他对“工程”二字有了更加深刻的理解，也找到了自己的终身奋斗目标——成为一名改变世界的工程师。

工程师与科学家都有强烈的探索精神，但二者并不完全等同。科学家的研究侧重于宏大理论与基本定律，而工程师的兴趣在于解决应用技术问题，包括制造出可以使用的新发明。奥斯卡·冯·米勒不是爱因斯坦式的科学家，而是一位经典的德国工程师。

米勒总是第一个到任务现场，认真负责地对待每个细节问题。德国人严谨精确的性格在他身上表现得淋漓尽致，无论从哪个角度看，他这辈子都注定要成为一名优秀的工程师。

英雄锤炼好本领，还需要时势来助一把力。1870年，德国完成了统一，进入了轰轰烈烈的国家大建设阶段。年轻的工程师米勒获得了大展宏图的舞台，他在德国的交通系统供职。就在众人把目光紧盯着英法等老牌工业强国身上时，米勒却把眼光投向了刚结束南北战争的美国，因为那里有个叫爱迪生的人做出了电灯。

此时全世界没有多少人意识到，电力的运用将引发第二次工业革命，让

人类可以用白昼般的灯光照亮漫漫长夜，让工厂的机器有更强的动力运转。

1881年，米勒参加了巴黎电力展。在阔别多年的巴黎，他看到了最新发明的电机与电灯，还有当时刚问世不久的水力发电系统。米勒既为祖国的落后而心有不甘，又兴奋异常。因为他意识到，在自己的故乡——德国南部的巴伐利亚州的河流正好能用上这种新兴的技术设备。

用电照亮德意志——这是工程师米勒的新目标。为此，他在两年后应新成立的德国爱迪生公司邀请，担任技术指导。他还亲自前往美国会见爱迪生。俩人意气相投，合作研究了不少关于发电与输电的难题。一个崭新的发明——大规模电网方案在他的脑海中逐渐形成。

德国爱迪生公司最初只不过是一家产灯泡与小电器的小工厂，在米勒与同事们的齐心协力下，居然一跃成为电力行业的代表。德国首都柏林的供电事业被该公司包揽。柏林也因他们杰出的工程作品成为世界的“电力之都”。

尽管德国爱迪生公司给予劳苦功高的奥斯卡·冯·米勒高薪高职和股份，但他还是喜欢做个改变世界的工程师，而非一位成功的商界领袖。

米勒最终离职创业，目标是在整个德国推行电气化建设，比如，瓦尔亨湖水电站与输电网让整个巴伐利亚的大小工厂、企业、家庭都能用上电。便是工程师米勒的杰作之一。要知道，当瓦尔亨水电站与输电网建成时，连老牌工业强国英国都还没有统一建设的电网。毫不夸张地说，工程师米勒的天才创造让德国抓住了第二次工业革命的机遇，跻身为新的工业强国。

1891年，米勒在德国法兰克福举办了一次国际电力展，和当年的巴黎电力展一样，向世人展示着人类最新的发明，比如电报、电话、无线电、发动机等。

1903年5月5日，时任德国工程师学会巴伐利亚分会会长的米勒在一次会议上提议建立“德意志科学工业成就博物馆”，以便用最生动的方式来展现科技的发展历程与其对人类社会的巨大影响。

德意志科学工业成就博物馆的大小事务由米勒、巴伐利亚的一位议员和一名慕尼黑大学教授共同领导。米勒用这个博物馆让所有德国人对工程师的贡献肃然起敬，并学着以工程师的角度展望未来。从此以后，无数的德国工程师以奥斯卡·冯·米勒为榜样，致力于技术创新与造福社会的工作。以一己之力创造统一电网工程的德国工程师米勒，为德国人的工匠精神留下了一座永垂不朽的丰碑。

工匠的乐趣：发现新问题，找准新方法

没有变化的生活是乏味的，没有变革的世界是停滞的。创新精神是化腐朽为神奇的原动力，没有它，人类可能连刀耕火种都不会，甚至吃不上煮熟的食物。我们已经无从考证地球上第一个学会制造陶器、青铜器、铁器的工匠是谁。但可以肯定的是，无数工匠们有意或无意做出来的新生事物在不断改变人类的日常生活，甚至引发了社会生产组织方式的重组。

毫不夸张地说，创新意识是工匠精神中最耀眼的明珠，创新活动是工匠们最大的乐趣所在。

从大家忽略的地方发现新问题，然后找出解决新问题的新办法，做研究、搞发明无非就是完成这两步工作。而看似简明的两步，走起来却要花费不菲的代价。

习惯的力量比我们想象得更大。尽管世界早已发生沧桑巨变，但保守依然是人类与社会的天性。古人说："愚者暗于成事，知者见于未萌。民不可与虑始，而可与乐成。"这话说得很带刺，却也一针见血。普罗大众虽有赶时髦的兴趣，但喜欢更多的是装老酒的新瓶子，不是新酒本身。任何新生事物被主流社会承认都需要一个过程。绝大部分人直到新事物完全成熟了，才会兴高采烈地成为其狂热爱好者，只有少数人——比如富有创新精神的工匠——能在新事物尚未萌发之时洞察其发展潜力与未来的价值。

这种紧盯时代发展潮流的前瞻性会让工匠体验到无可替代的快乐。正因如此，他们才甘愿吃常人所不能吃的苦，克服无数困难，只为了开拓新的境界。

成都飞机设计研究所的首席专家宋文骢总设计师在我国航空工业领域是一位响当当的大师级人物。他头脑灵活，主张技术民主，鼓励广大科研人员大胆创新。他居然带头在航空科技学术体系中开创了一个“战术性能”专业，组建“战术技术与气动布局”专业组，自己担任组长。

这个新专业组的研究方向是分析空军在训练与作战中对飞机各方面性能的需求，以便让战斗机的设计工作更符合空军的实战要求。宋文骢开创这个新专业，实际上是开创了一种新的科学研究思路。

宋文骢认为，空军的战术思想是军用飞机设计的出发点，飞机设计工作的最终目的是实现对应的飞机战术运用思想。宋文骢很重视战术性能专业的发展壮大，他经常与设计师、工程师们讨论国外最新技术的动向，并鼓励众人开动脑筋使用多种办法进行研究论证。

后来，宋文骢开创的新专业组改名为“战术性能与工程发展组”，让我国航空科研进入了一个更高的发展阶段。他要求战术性能与工程发展组立足长远、勇于创新，要求小组每年做出两三个新方案，这既是为了鼓励众人解放思想，也是在锻炼青年一代的工程师。

而在自己担任总设计师的歼-10战斗机研制过程中，宋文骢始终关注发达国家战斗机的发展动态。他发现按照最初的设计，歼-10战斗机很快就会落后于发达国家的装备水平。此时已经到了研究的关键时刻，但宋文骢毅然坚持带着团队重新修改了设计方案。经过不断的努力，最终，完成研制的歼-10战斗机满足了最新的作战需求，并实现了飞机的系列化发展。

除了体制改革与管理创新外，宋文骢还在飞机气动布局技术领域铸下了一座丰碑。歼-10采用的鸭式气动布局并非中国工程师首创，早在20世纪七八十年代就在发达国家开始流行，这种气动布局可以为飞机带来出色的高机动能力与高速性能。这是宋文骢在我国空军新一代战斗机竞标中提出鸭式气动布局的主要原因。

宋文骢率领的歼-10研制团队在艰苦探索后成功掌握了近距耦合鸭式布局技术。可是随着航空科技的发展，更多更复杂的新需求不断产生。宋文骢并没急于跟着材料下结论，而是带队仔细研究各种新需求的影响因素与各种改进措施的效果。

在一次风洞试验中，宋文骢团队发现了一种从未出现过的新现象。他立即要求所有成员认真研究这个新现象，看看是数据错误还是一种新的空气动力学原理。经过多方验证后，大家惊喜地发现，这并不是实验数据有误，而是一种可以满足各种相互矛盾需求的新原理。这个发现促使宋文骢团队创造性地设计出一种不同于传统鸭式布局的新气动布局，为提升歼-10的战术性能打下了牢固的基础。

创新是令大国工匠最感兴趣的事，但创新活动总是伴随着许多阻碍。宋文骢的创新触动了不少人的利益，也引发了一些争议与质疑。研制一个型号的飞机最少要8年，最多可能要20年。当时宋文骢已经50多岁了，所以，有反对者质疑歼-10能不能在他手中正式定型。对此，宋文骢倒是看得很开。

他相信，通过研制歼-10，新一代现代飞机研究人才肯定能成长起来，自己这代人的创新就是为后辈铺路，就算自己在有生之年没搞出歼-10，也会有接班人前赴后继。

正是怀着这种愚公移山式的觉悟，宋文骢总设计师生前一直锐意进取、积极创新。他不仅完成了歼-10战斗机的设计研制工作，还为下一代战机歼-20留下了良好的技术储备。

创新活动的难点主要有两方面：一是客观环境是否有利于创新，二是自己是否具备创新意识。许多人把前者归为主要因素，其实后者才是重点。

真正具有创新意识的人，无论客观环境多么不支持创新，都会去发现新问题，寻找新办法。他们以创造更好的解决办法为乐趣，务求在新问题演变为疑难问题前将之解决在萌芽状态，这便是古人所说的“知者见于未萌”。这是一种对创新活动的纯粹的热爱，不会因为时间流逝而减少，不会因为千辛万苦而舍弃。孔夫子说：“朝闻道，夕死可矣。”那些致力于探索未知之道的杰出工匠也有着同样的情怀。

每个人都对未知的新事物存在好奇心，但普通人喜欢坐享其成，等着别人用发明创造来满足自己的好奇心，而工匠对世界的好奇心远远多于普通人。如果没有人去验证一个新想法，他们就会自己去验证；如果没有人愿意为完善新事物而穷尽一生，他们就会自己主动承担起先行者的使命。

对于工匠来说，最好的奖励就是用新技术与新思维完成一件具有划时代意义的作品。特别是在科研领域，大国工匠们无不希望占据时代的最前沿，他们不会为身外名利而抛弃自己的好奇心与求知欲，因为开启新世界的乐趣是任何东西都换不到的无价之宝。

创意的决策+刻板的执行

想象力与执行力是两种不同的才能。想象力强的人的思维是发散型的，比较跳跃，追求自由度，不喜欢被条条框框束缚；执行力强的人与之相反，他们的思维是聚焦型的，比较持重，讲究严丝合缝的逻辑性，不喜欢脱离常规与原则。属性差异如同水火，想象力强的人可能长于创意而难以将自己的奇思妙想转化为实际的成果；执行力强的人虽长于实践，但容易因循守旧，缺乏足够的创造力。

而工匠是一群奇特的人，能把这两种截然相反的特性融于一身。他们有着天马行空的想象力，能开发出许多超乎大家想象的创意作品。与此同时，他们看起来又很刻板，一本正经地做事，不允许有丝毫的敷衍怠惰。因此，工匠不仅意识超前，行动也常常走在社会前沿，这也是为什么工业革命都是由具有工匠精神的技术人才发起的主要原因。

古今中外任何出色的工匠，在自己钻研的领域都会体现出两个特征：第一，在设计方案时解放想象力，大胆创新，热衷于寻找别出心裁的办法；第二，在执行方案时遵循工序，一丝不苟，完成一步再做下一步。

创意的决策加上刻板的执行，这就是成就伟大工匠的诀窍。

缺乏创意的决策如同闭门造车，无法达到极致的境界。在消费者需求日益个性化和品质化的今天，没有创意的品牌会失去生命力。就实而论，不是每一个工匠都有革新精神与好创意，但拥有好创意的工匠能在行业中脱颖而出，引领潮流。在知识经济环境下，首创者将在市场中占据有利地形，跟风者能得到的收益会逐级大幅度递减。

而“创意”的执行看上去是用小聪明“四两拨千斤”，实则隐患多多。因为现代制造业对工艺有着极高的要求，每一道工艺流程都是经过反复实践提炼出来的必要环节，不同环节的衔接有着严苛的规定，上一工序的执行质量会对下一工序产生连锁反应。如果“灵机一动”，不按科学规律来落实细节，误差积累下来，产品就会废掉。所以，在执行阶段，一板一眼地用“笨办法”做好每一道工序，反而能兼顾高质量与高效率。

由此可见，“创意的决策+刻板的执行”的工匠模式其实是一种正确处理灵活性与原则性关系的有效方法。灵活多变的创意与遵循原则的执行，既能把工匠的想象力挖掘到最深处，也能把工匠的执行力贯彻到最大值。

按照这种方法做事的工匠，注定会成为行业中的佼佼者。在我国高铁行业中屡立奇功的首席高铁研磨师宁允展就是很好的典范。

经过几代人的奋斗，中国已成为世界上两个拥有联合产业分类里全部生产门类的工业大国之一。但在尖端领域，中国制造的亮点呈点状分布，整体上还有很多不足，而高铁是中国少有的、已经领先全球的具有自主知

识产权的高科技产品。

曾经跑出世界第一速度的CRH380A型列车是中国高铁的一道里程碑。铸造这座丰碑的无数英雄劳动者中，《大国工匠》第七集的主人公宁允展无疑是一位优秀的工匠代表。

宁允展出身于工匠家庭，从小就酷爱琢磨手艺活，后来就读于铁路技校，毕业后成为四方机车车辆厂（即后来的南车青岛四方机车车辆股份有限公司）的车辆钳工高级技师，从事高速动车组转向架研磨及装配等工作。从业24年来（截止到《大国工匠》播出时的2015年），宁允展获得过两次公司生产质量标兵，创下了十年无次品的纪录。比起这些成就，他更令人叫绝的是为我国高速动车组打破了一个重要的技术瓶颈。

中国南车四方股份公司于2004年开始从国外引进高速动车组技术。高速动车组有九大关键技术，其中之一就是转向架技术。如果说车轮是列车的脚，那么转向架就是列车的腿，而宁允展研磨的定位臂相当于脚踝。转向架的重量为1.1吨，其核心部位是落在四个车轮节点上的接触面不足10平方厘米的定位臂，这个部件一度成为令研究人员头痛不已的难题。高速动车组的运行时速达二三百公里，这就意味着转向架定位臂的接触面要承受将近二三十吨的冲击力。假如定位臂和轮对接点有75%以上的接触面间隙超过了0.05毫米（相当于一根头发丝的细度），高速动车组的车轮就可能松脱，影响行车安全。

这个微小的精度只能靠手工研磨完成，不光是中国，全世界都如此。但机器粗加工过的定位臂只有0.05毫米左右的空间可供工匠研磨。工匠操作的打磨机每秒转速是300多转，稍不注意就会磨大，导致价值十几万元的构架报废。技术难度极高。

当时正值2006年，国内并无成熟的操作经验可借鉴，但宁允展主动挑起这项艰巨的任务，反复研究试验。日本的技师需要花几个月才能掌握这种高超的研磨技术，宁允展居然仅仅摸索了一星期就掌握了窍门。日本专家鉴定后，对他研磨出的定位臂给出了很高的评价。他是第一位掌握380A型列车转向架研磨技术的中国人。

但是这种研磨技术在高速动车组进入大批量制造阶段后就不再能满足生产需求了。研磨工艺必须有所创新，否则高速动车组还是无法成功量产。

宁允展又主动担起了研究新工艺的重任。经过半年的反复试验，宁允展发明了一套“风动砂轮纯手工研磨操作法”。这种“风动砂轮纯手工研磨操作法”采用分层、交错、叠加式研磨技术，可以像绣花一样把定位臂接触面织成一张纹路细密、摩擦力超强的“网”。

这种新的研磨技术把效率提高了一倍多，而接触面的贴合率也从原来的75%提高到了90%以上。随着宁允展发明的新工艺的推广，长期制约我国转向架批量制造的技术难题迎刃而解，这项技术创新让我国实现了高速动车组转向架的高质量大批量生产。

除此之外，宁允展还热衷于创新其他工艺，他主持过公司多项课题的研究，先后获得五项国家级技术专利。据估计，他的技术创新每年可为公司增加近300万元的效益。

时至今日，全中国从事高铁列车转向架定位臂研磨工序的也就十几位工匠。他们只能保证研磨间隙低于0.1毫米，唯有宁允展一人能做到0.05毫米的精度。到现在，已经有673列高速动车组安装了高级研磨技师宁允展研磨的转向架，这些列车累计行驶的距离相当于绕地球22 500圈。

这位高铁首席研磨技师不仅第一个学会了国外的转向架研磨技术，还研究出了更先进的研磨工艺，为我国高铁领跑全世界立下了不朽的功勋。

好工匠总是凭实力做事。从宁允展身上，我们不难看到“创意的决策+刻板的执行”的成效。他敢想敢干，不为自己成为中国第一位掌握国外转向架研磨技术的工匠沾沾自喜，而是大胆地发挥创意，发明了比国外技术更先进的工艺。他不惧挑战，一板一眼地琢磨引进的技术，一丝不苟地研究改良工艺的办法。这位了不起的工匠把想象力与执行力都发挥到了极限，首席研磨师的荣誉是对这份虔诚的工匠精神的最好回馈。

宁允展说：“我不是完人，但我的产品一定是完美的。做到这一点，需要一辈子踏踏实实做手艺。”这种崇高的工匠精神是中国制造不断提高品质的保障。假如每一种中国制造的产品都能由像宁允展这样善于创新又追求完美的工匠来生产，“中国制造”升级为“中国创造”的那一天将指日可待。

误区：工匠精神只是被动地机械重复

工匠精神中的“工匠”是指广义的工匠，主要包括科学家、工程师、工匠（技术工人）三类区别很大却又密切相连的群体；狭义的工匠则专指各级技术工人。

一个创意从诞生到落实，需要经过很多环节与各方配合。纪录片《大国工匠》第一集的主人公，为长征系列火箭焊接发动机的国家高级技师高凤林指出：“科学家脑中产生想法，工程师图纸施工实现工程化，工匠制造出产品。”由此可见，在创意活动中，科学家、工程师、技术工人三者缺一不可。

然而，在很多人眼中，科学家的确需要无与伦比的创造力，工程师则可以降低要求，技术工人（即狭义的工匠）只需要按照图纸施工就好，不需要花多少脑力去创新。因为人们大都觉得工匠的工作无非是敲敲打打、焊焊切切、扭扭折折之类简单重复的活。

这种错误的认识阻碍了我们对工匠精神的理解。轻视工匠在细节操作上的创造力，就不会真正下功夫去改进操作细节。而这种对细节不以

为然的敷衍态度，正是中国各行各业都觉得自己缺乏工匠精神的直接原因。既然把工匠精神片面地解释为做好被动的机械重复任务，又怎么会觉得它有重大的借鉴意义呢？

工匠精神源于一线的工匠，最能体现这种品质的也是一线的工匠。作为创意方案的最终执行人，工匠的素质往往决定了成品最终的品质。中国的科学家与工程师早已扬名海外，但对工匠——技术工人的不尊重始终是制约“中国制造”升级为“中国创造”的主要短板。

一名优秀的工匠可以把科学家的创意与工程师的图纸落实得尽善尽美，还能在细节上为前两者提供更多的创意支持。善于动脑的工匠不仅提供个人技术，甚至可以提升整个行业的工艺水平。

一些中国企业为了提高生产引进了德国生产的先进技术设备，但在相当长的时间内，管理者与工人们都为一个奇怪的现象头痛：那些设备在原产地安装运行时状况良好，可是一运到中国安装，开始一段时期内总是运行困难，经过一段磨合期才能达到正常水平。经过确认，供货方并没有任何以次充好的情况，但技术人员又找不出什么具体的毛病。

最后实在没办法，这些企业只好请德国工程师来帮忙组装设备。结果大家发现，德国工程师在组装机器前做了一个操作手册上没有的举动——用砂纸打磨所有的螺丝钉，然后才进行安装。组装完毕后，机器果然像在德国那样运转良好。

原来，机器运转的确需要一个磨合期。运行不畅的机器是通过自身运动带来的摩擦力打磨螺丝钉，所以过一阵子才能完成磨合；而德国工程师在事前就用砂纸把这个被动磨合的环节给主动磨合了，故而机器一组装完毕就能运行良好。

操作环节的简单改进一举扭转了机器的磨合期问题。假如不是富有一线操作经验，德国工程师也不会深谙此道。

尽管现代科技很发达，但人依然是最核心的生产要素。哪怕是机器制造工艺最顶尖的波音公司，依然在某些环节依赖技师的手工劳动。对于这点，《大国工匠》第四集的主人公，绰号“航空手艺人”的中国商飞上海飞机制造有限公司高级技师、数控机加车间钳工组组长胡双钱感触良多。

钳工组长胡双钱的主要工作就是手工打磨大飞机上的精密零件，他带领钳工班组用打磨、钻孔、抛光等技术对重要零件进行细微调整。由于大飞机零件加工的精度误差必须低于十分之一毫米，机器很难完成，只能以纯手工方式进行。

一家大飞机是由数百万个零部件组成的。我国首款干线民用飞机——C919大型客机就有数量如此庞大的零部件，其中80%的零部件是我国自主设计生产的（在我国民用航空领域属于第一次）。钳工组技术人员每天重复同样的动作，手工打磨出来的零件将随着近千架飞机往返世界各地。

从表面上看，钳工无非是按照工作流程给飞机拧螺丝、上保险、安装外部零部件，这些看似单调重复的工作也非常考验工匠的责任心与耐心。

胡双钱每做完一道工序，就会先仔细看一下，才进入下一道工序。不图手快，只求精准。他还有个习惯，是在睡前回想自己今天的工作做得如何。有一回，他总觉得自己对“上保险”的环节有点不踏实。保险如果没上好的话，飞机在飞行时会因震动过大而震松螺丝，空难就很难避免了。于是，胡双钱在凌晨三点赶回单位，拆去层层外部零件来检查，发现保险没有问题才安心。

2003年，胡双钱参与了ARJ21新支线飞机项目的研制工程。他深知

ARJ21这个项目是“首创”，要求更加严格。所以，无论多么简单的加工，胡双钱都会在施工前认真核校图纸，操作时小心翼翼，完成后反复检查。他一方面主张“慢一点、稳一点，精一点、准一点”，另一方面又大胆创新，改良了ARJ21新支线飞机零件的制造工艺。

研制工作的变数多、风险大，时不时会有突发事件发生，所以，科学家、工程师、工匠都会为了让项目顺利完成而加班加点。

有一回快下班的时候，车间突然接到了紧急任务，生产调度要求胡双钱他们连夜完成两个新支线飞机的特制零件。因为这两个特制零件在第二天凌晨就要在装配车间现场使用。在胡双钱的带领下，大家在第二天凌晨三点钟终于赶制出这批急件，而且一次提交合格。

还有一次，厂里急需一种特殊零件。这种零件的精度要求是0.24毫米，头发直径的二分之一都比这大，通常是以先进的数控机床来制造的，但厂里当时缺乏配套设备。假如从原厂调配要耽误好几天，想要赶上工期，唯有用钛合金毛坯在现场临时加工。胡双钱不愧是“航空手艺人”，他硬是以传统的铣钻床在一个多小时内打出36个孔，完成了一次性通过检验的成品。

“航空手艺人”胡双钱在多次紧急任务的考验下依然不辱使命，凭借的正是善于动脑所积累的精湛技术。

胡双钱日复一日地工作了整整35年，在他亲手加工的数十万个飞机零件中，从未出现过哪怕一个次品。他曾对《大国工匠》节目组说：“只要中国制造的大飞机翱翔在蓝天，我愿一生做个工匠。”这句话是工匠精神的最好注释。

工匠的创意不只体现在创造划时代的发明，还包括对工序细节的点滴改进。一名优秀的工匠既有高远的目标，也有踏实的精神。

尽管胡双钱只是一名手工制作零部件的技术工人，尽管他倾尽心血打磨的零部件不过是一架大飞机身上不起眼的几百万分之一，但没有他“慢一点、稳一点，精一点、准一点”的责任心与高超手艺，大飞机的安全飞行就无法确保。

哪怕是最简单的工作都可能会成为决定成败的细节。不以轻忽之心怠慢最简单的工作，积极琢磨每一个细节上的小改进，这是大国工匠的风采，也正是工匠精神的基本内涵。

如前所述，科学家、工程师、工匠在创意活动中是分工合作的关系，缺一环就无法做出过硬的精品。我们应该扭转固有偏见，在为科学家、工程师送上鲜花的同时，别忘了一线技术工人也是大国工匠中不可分割的组成部分，他们同样需要尊重与掌声，而“中国制造”走向“中国创造”的道路离不开这些普通工匠的鼎力支持。

练习：寻找生活中的微创新点

九层之台，起于累土。那些划时代的伟大发明，看似是个把天才的灵光一闪，其实是无数细微改进积累到量变的结果。正视这个现实，并不是要否定追求创新无止境的工匠精神。因为工匠的杰出创意并非凭空出现的空中楼阁，恰恰是立足于对生活的细致观察与点滴改进。脱离这个品质来谈工匠精神，无异于抛开运动与合理饮食来谈减肥。

无论表面上是否沉默木讷，出色的工匠必定是热爱生活并善于观察生活的人。芸芸众生日复一日地上演着单调的流水账剧情，享受着生活中的便利，也得忍受生活中的不便。尽管会抱怨，但大多数人并不打算去认真思考解决办法，而是用“习以为常”来应对一切。只有少数梦想家会继续琢磨怎样克服这些让大家都感到的不便。生活中的他们有的很失败，被当成不务正业的疯子；有的很成功，被尊为造福人类的发明家。

其实他们都是一种人，区别只在于有没有做出成果。时人觉得他们古怪、异想天开，主要是因为他们做的事超出常规，别人不敢想也不敢做。得不到大众支持是创新活动的最大阻力。

尽管如此，他们还是热衷于从细节上改善大家的生活。无论怎样艰难困苦都乐此不疲。不妨把一个划时代的发明看作是一百米的终点线。在技术条件欠缺的年代，一个敢于尝试的工匠耗费毕生努力，可能也只是在这条跑道上推进了一两米，离到达终点遥遥无期。但下一代工匠就可能因为这点小小的进步而少走一段弯路，再往前推进一两米。无数代工匠积累下去，最终会有人到达终点线，完成那个改写历史的伟大发明。

所以，千万不要瞧不起生活中的细微革新。你永远无法知道，这一丝丝的改变会成为未来哪个新生事物的铺路石。

《福尔摩斯全集》中有句精辟的话——“我们必须深入生活，只有如此才能获得新奇的效果和非同寻常的配合，而这本身比任何想象都有刺激性。”

长期以来，部分朋友以为创新靠的是超凡脱俗的想象力，其实更多时候，创新靠的是观察能力。

南通汇鸿手套有限公司花10万元奖励了基层员工薛华的新点子。薛华在日常工作中发现蒸汽管道的设计存在某些不足，于是向公司提出了一个改进意见。薛华没想到，公司不仅发给他10万元奖金，还立了“蒸汽回气管道改造、疏水阀换型”项目，围绕他组建了专门的技改班组。

一个小小的改进就值10万元吗？公司副总经理吴海峰认为非常值。因为技改组学过“金点子”能帮助公司每年节约500多万元的成本。微创新里有大效益。

奖励一线员工的“金点子”是汇鸿公司近年来推行精细化管理的重要措施。汇鸿公司过去的管理手段落后，产品的品质也不尽如人意，与国际

一流的手套产品存在一定的差距。尽管国产手套的各种性能并不逊色于国外同类产品，但国际品牌手套不管怎样折叠都能保持较为平整的形状。而且无论从哪个角度测量，折角的尺寸没什么两样。汇鸿的手套折叠后看起来皱巴巴的，大拇指套在折叠时会鼓出一道折痕。

任何细节上的问题都会影响到产品的品质。一个个小细节上的不足累积起来，就会把企业的整体水平拉低几个档次。

为了改善产品的细节，汇鸿想了很多办法。最后大家发现，产品不精细的症结不光是工艺问题，更多的是管理问题。粗放型管理自然无法实现精细化制造，唯一的解决出路就是推行精细化管理。

过去，公司对生产班组的管理方式很粗放，只是简单总结前一天的生产情况，再分解今天的工作内容。经过改进后，生产班组每天都要把工作内容细化到每个工位与每个操作流程。传统的生产流程管理是以一本生产工艺说明书来细化；革新后则根据不同的工位的技术特点，来制定有针对性的生产流程管理细则。

此外，汇鸿还发动基层员工琢磨了许多改进生产流程细节的小点子，薛华的蒸汽管道改进办法就是其中之一。这些微创新不仅体现了科学管理的观念，还贯彻了以人为本的精神。

过去，工人完成一班任务大概要扭三四百次腰，数年之后很容易出现腰肌劳损等问题。后来汇鸿公司设计了自动流水线，又改进工序细节，让每个工位上的员工都能以最简便的动作来完成生产任务。

在品质管理环节，汇鸿公司也树立了新观念。品质管理员不再只是检验产品，而是从生产流程中的第一道工序就开始严格监督。需要设定什么数据、怎样调整小料配方克重的比例……这些生产过程中的细节都是全员参与质量管控。为了保证产品质量的可追溯性，最终的产品会带上一个

“产品身份证”，这个“产品身份证”能把所有流程中的产品生产信息全程记录下来，便于明确追责。

为了更好地激发基层员工的创新思维，公司鼓励大家结合工作实践多提“金点子”，根据这些改进所增加的效益大小给予员工不同的奖金。事实证明，这个重视点滴细节改进的办法非常有效。公司从2013年开始再没因为产品质量问题支付赔偿费，成本率从87%降低到81%，生产出的手套在细节上终于能与国际顶尖产品相媲美。

创新有大有小。并不是颠覆传统格局的革命性创新才有意义，每一个细微的变革都是推动时代发展的助力。

近几年来，“微创新”的概念风行一时，成本不高但为我们的生活带来更多便利的APP应用就属于一种微创新。随着社会的不断发展，新生事物层出不穷，过去大家尚未发现的潜在需求日益增长，这就是引发微创新活动的土壤。通过认真研究生活中的细小需求，专注开发新的解决办法，这与工匠精神不谋而合。

发扬工匠精神，提高创新能力，可以从三个方面努力：

第一，企业应当从用户的细微需求着眼，一切以用户需求为宗旨，既要看到他们当前的需求，又要善于挖掘他们潜在的需求。工匠精神提倡的创意，本质上不是毫无根由的奇思妙想，而是立足于改善生活的良苦用心。脱离生活需求的标新立异只是一场自娱自乐的游戏，与致力于改善人类生活的工匠精神背道而驰。

第二，推崇成功，宽容失败，营造一个鼓励创新的环境。精益求精的产品与服务离不开方方面面的细微改进。这种改进少不了要大胆尝试，尝试必然会有一定的出错率，唯有不断试错，才能摸索到正确的方向，

逐渐将微创新成果积累成一个体系，推动企业组织的全面升级进化。

第三，勤于学习，善于思考总结，把自己的业务能力练精、练扎实。没有专业知识支撑的创新经不起时间与市场的考验，求实是创新的前提，能力是创新的基础。一味追求标新立异，忽略行业基本功的训练，也无法在头脑中闪出真正的火花。

历史上那些敢于创新的工匠不仅有造福人类的雄心，还有观察生活的细心、踏实研究的耐心、持之以恒的专心。如果能学到这些优良品质，我们的事业将变得焕然一新。

E I G H T

匠心长存，荣誉就是坚持不懈的努力

工匠精神是这个时代最值得拥有的稀缺品。它看似与互联网社会的特征背道而驰，实则是一股不可缺少的互补力量。我们一方面要适应瞬息万变的互联网经济环境，善于把握稍纵即逝的商机；另一方面也应该恪守工匠精神，专注地做好认准的事，在浮躁的世界中保持自己的初心，不为任何浮光掠影的诱惑所动摇。

工匠精神是把诚意刻入岁月的厚重信仰，它是一种穿越时空的力量，不会因光阴流逝而折旧。互联网时代的产品往往比较快餐化，这种昙花一现的事物是投机家的吸金利器，却不是工匠的目标所在。工匠追求的是恒久的价值，比如一个足以延续数百年的传奇品牌，一种薪火相传的先进理念，一项全世界都遵守的行业准则。要做到这些非常困难，但也正因为如此，才更加弥足珍贵。

喜新厌旧是人类的本能，互联网社会进一步放大了这种天性。再精益求精的产品也有被消费者厌倦的时候，只有不断推陈出新，才能不断满足千变万化的市场需求。只讲技术但缺乏灵魂的人只有“匠气”，做出的东西必定缺乏人性化。将灵魂注入技术的人才有“匠心”，才能把个性化与人性化的理想境界发挥到极致。

总之，万变不离其宗。无论产品与服务怎样改变，我们都应当永葆那颗务实创新、一丝不苟、追求品质、造福社会的工匠之心。

投机家随波逐金，“工匠”遵循本心

不少人都曾经心存某个梦想，但柴米油盐驱使他们把心思放在了赚大钱上。他们干一行换一行，没有定性，像投机者一样随波逐金。

投机者有着世界上一流的灵活度，总能嗅到什么地方有商机，做什么最赚钱。他们会把大笔资金投入到某个自己并不熟悉的行业，然后用一个可以快速回钱的非常之法完成这一轮资本游戏。这种非常之法有时可能会伤害到该行业的根基，引发大量“劣币驱逐良币”的现象。久而久之，整个行业的水平集体下滑，收益水平也趋于递减。然而，投机者并不在乎这些，因为他们关心的只是资本游戏运作得顺不顺利，以及下一个可以炒热的领域。

不少行业在显露潜力后会吸收大量来自投机家的热钱，从而陷入虚假的繁荣。很多从业者会顶不住迅速敛财的诱惑，迎合投机者的短时做法。殊不知，投机者并无兴趣长期扶持一个行业，特别是像制造业之类投资大、成本高、回钱慢但又至关重要的行业。所以，投机者们会在泡沫破裂之前抽身，留下竞争秩序已经混乱的行业成员们苦不堪言。

这种竭泽而渔的做法与工匠精神天生不合。

如果说投机者天然追求无不用其极的灵活性，那么工匠则天然追求“吾道一以贯之”的原则性。前者的眼中看到的是潜在的暴利，而后者目光所及是自己的本心。投机者以随波逐金为天职，无可厚非；工匠以遵循本心为生命，更为可贵。

工匠也要吃饭，也要赚钱，不是光靠精神激励就能饿着肚皮出精品的神仙。工匠以及具有工匠精神的人（合称“工匠们”）无法为了发财而彻底舍弃本心，他们只会尝试把本心所向变成名利双收的事业。说到底，他们最终只是想用劳动赚取的回报来支持自己的理想。社会对工匠们越认可，回报就越是超出他们最初的预期。

《霍比特人》系列电影的导演，新西兰人彼得·杰克逊从小就是个电影发烧友。虽然没有去美国的电影学校进修，但他一直在围绕自己的梦想做准备。从美国邮寄来的影视杂志中自学电影拍摄与设备制作，然后在简陋的条件下不断地练习与尝试。

彼得·杰克逊刚做导演时，拍摄经费非常有限，请不到大牌演员，做不了华丽的特效，连个像样的剧本都没有。这些困难让彼得·杰克逊寸步难行，但他并没有知难而退，反而一心一意地琢磨如何利用现有条件做出点成绩来。

对于这位年轻的电影制作者而言，当时最重要的事就是迅速在商业圈打出自己的名气。以最小的投入来吸引业内的关注是件很有挑战性的事，彼得·杰克逊仔细调查了市场，发现拍恐怖片是以小博大的最佳途径。幸运的是，他恰好喜欢这类题材。

为了获得更好的效果，彼得·杰克逊专门选择那些观众感兴趣但别人不敢轻易尝试的影片。合适的突破口帮助他很快赚到了票房，在电影行业初露头角。

早期作品上映后，彼得·杰克逊获得了一定的名气。许多年轻导演趁此机会移居电影业最发达的美国，正式向好莱坞进军，但他还是决定留在影视产业并不发达的新西兰。

在高度商业化的社会里，朝资源与资本最密集的地方流动是更容易成功的做法。彼得·杰克逊在新西兰无法获得雄厚的预算，也很难更好地吸引大众的目光。尽管如此，他还是坚持留在自己生活的国家。

拍自己想拍的电影，还是甘于做个受雇于制片人的导演？换句话说，人应该坚持自己的梦想不惜损失一部分经济收益，还是只要能够赚大钱什么烂片都能接拍？

彼得·杰克逊热爱电影事业，他的奋斗动力是拍自己想拍的电影，而不是一个拿电影当赚钱工具的导演。他也曾被好莱坞邀请拍摄一些类型片，但工作时完全受到限制。而在新西兰，他可以自由地发挥自己的创造力，做自己想做的尝试。

因此，彼得·杰克逊放弃了世人眼中的“发展机遇”，跟遵循自己的本心行动。无论电影行业怎样风云变幻，他都专注于自己的梦想。他是脚踏实地的人，一步一个脚印地走在自己所选的道路上。

电影票房与业界口碑，给彼得·杰克逊遵从本心的选择带来了最好的回报。对不辜负梦想的“工匠”，梦想也不会辜负他。

我们在前面提到工匠精神的专注、严谨、踏实、好学、创新等优秀品质，普通人只要能把其中一种优秀品质发挥到淋漓尽致，就能让自己的综合素质上升几个档次，甚至在某个领域取得一定的成就，但这在今

天并不容易做到。因为投机者式的成功起到了榜样效应，吸引着不少人舍弃工匠精神，选择与之相悖的投机心态。

投机心态看起来很灵活、很现实、很有效率，但其本质是反专注、反踏实、反严谨的。人有好逸恶劳的天性和趋利避害的本能，若以金钱来衡量一切价值，谁都想得到赚钱最快的工作，前半生攒下一笔巨额财富，后半生高枕无忧地过着舒适的享乐生活，这就是投机家眼中的成功，也是许多人心中的“完美人生”。这样的活法不需要什么“本心”，只需要绞尽脑汁地吸金，什么赚钱做什么，不会为某些事业几十年如一日的投入心血。当自己的愿望与金钱发生冲突时，就果断舍弃愿望，以追求物质财富为先。

倘若以这种态度度过一生，“工匠”就不再是“工匠”了。

工匠精神要求大家干一行爱一行钻一行。工匠对“人往高处走”的理解不同于投机家，他们当然也追求财富与地位，但并不将此作为唯一的衡量标准。相对于这些身外之物，他们更关心的是自己的“本心”。

这种“本心”可能是“让生活更美好”的朴素愿望，也可能是“达到世界顶尖水平”的勃勃雄心，还可能是“改变世人对这个行业的错误印象”的发愤之情。但无论是何者，真正具备工匠精神的人不会违背“本心”来追求成功。他们眼中的“成功”是贯彻了自己的“本心”，顺便获得足以将其发扬光大的财富与地位罢了。

无数人抱怨残酷的现实扼杀了自己的“本心”，在“工匠”眼中这更多是借口。

首先，很多放弃“本心”的人只是自以为很努力，其实并没有把功夫下到刀刃上。比如一个漫画爱好者立志要成为“中国的宫崎骏”，却不思提高自己的画工与讲故事的能力，而是废寝忘食地钻研营销技巧，把自己包装成“有情怀的奋斗者”。

其次，“本心”也有靠谱和不靠谱之分，后者只是脱离实际的想入非非。工匠是务实的理想主义者，不会把空中楼阁当成自己追逐的目标，而是把理性融入身边的点滴改进。凡是不能形成可执行的长期规划的愿望，都是冒牌的“本心”。

最后，对于许多人来说，“本心”本来就不是最重要的东西。工匠们遵从本心如同捕蝉老人盯住蝉的翅膀，万事不足以扰心。因为恪守“本心第一”的原则，工匠们才能不向一时困顿低头，咬牙挺过漫长低谷，坚持到云开雾散的那一天。

所以，当我们在感叹有成就的工匠们能超越世俗干扰并取得非凡成就时，不妨扪心自问一下——我今天为“本心”付出的心血，够多吗？

最值得拥有的“稀缺品”

世界变化得越来越快，层出不穷的新生事物老让人看不明白。当前的社会处于一个大转型阶段，新旧事物的碰撞变得越发激烈。尽管全球经济萧条会影响到经济增长幅度，但互联网时代的社会节奏只会更快、变化只会更多，随之而来的是人们急于求成而难以沉淀的浮躁心态。片面追求快速增长的做法已经导致全社会患上了光有数量而缺乏质量的“骨质疏松症”。

物极必反的道理谁都懂，于是工匠精神被拉出来给社会“补钙”。但学习工匠精神并不是靠“复制+粘贴”就能马上搞定的，需要下文火慢炖的功夫。假如不能真正明白今天社会急需的匮乏品，我们的学习方向说不定又会被浮躁心态带歪。

想要改变浮躁作风，应该从弄明白“不浮躁是种什么体验”开始。要做到这点，首先要把自己从用一秒钟再多做几件事的“快思维”中拔出来，看看大国工匠们以不变应万变的“慢思维”。

工程师是“现代工匠”，尤其是研究军工装备的工程师，他们掌握着世界上最尖端的技术，是社会生产力中最先进的那一小部分代表。

也许你对“宋文骢”这个名字很陌生，但至少也在报纸新闻与国庆大阅兵中听到“歼-10战斗机”的大名。2016年3月22日去世的宋文骢老先生，正是歼-10战斗机的总设计师，中国“歼-10之父”。

宋文骢高中毕业后参军，1950起在刚成立不久的中国人民解放军空军任飞机机械师、中队机械长。1954年攻读解放军军事工程学院（即著名的“哈军工”）空军工程系飞机发动机专业，1960年毕业后先后在沈阳601所与成都611所工作，从设计员、气动组长一步一个脚印地升为总设计师。

宋文骢生前是中国航空工业第一集团公司成都飞机设计研究所的首席专家，曾经参与东风113、歼-7C、歼-8、歼-9和歼-10等多个型号飞机研制工作，多次获得国家及航空航天工业部的科学技术进步奖，立一等功两次、重点型号首飞特等功一次，2006年获得第二届“航空航天月桂奖”的终身奉献奖。

赫赫功勋的背后，是甘于寂寞、尊重科学、绝不急功近利的军工精神。宋文骢在军工界留下了两段轶闻——“烤鸭”与“15分钟”。

1962年的中国航空工业非常薄弱，就连苏联的低档战机米格-21的技术都没能吃透，生产与使用时常出故障。最糟的是，当时的中国缺乏适应战场需要的发动机。发动机是飞机的“心脏”，不能不高度重视。所以，宋文骢带领研究小组向上级提出了《使用2台815发动机进行米格-21飞机改型的初步分析》的报告，但并没得到及时回复。

两年后，中央军委要求研制新型战斗机，并提出了2.2马赫和2万米升限的“双二”高指标，参与米格-21改型会议的专家们都感到犯难。恰在此时，宋文骢的那份双发动机设计可行性分析报告被挖了出来。原来，研

究所以为院里把这个方案否定了，所以没向中央军委汇报。

于是宋文骢被叫去会场，他连夜赶制了一个来不及刷漆的木制飞机模型，与会人员戏称这个模型是“烤鸭”。宋文骢先是分析了美国与苏联战斗机的发展情况，阐述了国产战机应当遵循的设计理念，最后才介绍自己的新设计方案。

大家很快达成共识，后来有“空中美男子”之称的歼-8战斗机在本次会议后迅速立项。

1982年，新一代战斗机进入方案论证阶段。主要竞争者是沈阳601所的歼-13方案（仿制美国F-16战斗机）与洪都650所的强-6衍生方案。洪都所因方案过于复杂与科研力量薄弱，就在大家以为沈阳601所的歼-13方案将胜出时，成都611所以黑马姿态突然杀出。

代表成都611所出席会议的宋文骢在会议休息间隙做了一个15分钟的汇报会。他详细论述了未来战争的发展趋势，并拿出了611所的鸭翼布局方案。在场的领导与专家被宋文骢的方案震撼住了，决定暂停选型，让沈阳601所与成都611所各自用两个月时间完善自己的设计方案，再行定夺。

这次竞争持续了整整两年。经过三次新歼选型会和发动机选型会的反复研究，宋文骢提出的鸭式布局于1984年被选为最终方案。1986年，新一代战斗机的研制工作被国家领导人列为国家重大工程，代号“10号工程”。这便是歼-10战斗机的由来。

但是，10号工程项目几番波折上马后，研制过程也并非一帆风顺。航空工业基础落后于科研体系等弊端，令军工专家们的工作阻力很大。

宋文骢作为总设计师顶住各种压力，采取了四项改革：

第一，设立三级设计师系统，把参与10号公测的多行业多单位多部门的设计师按系统优化管理。

第二，推行经济负责制，每一项成品只有通过了一系列实验考核之后才能上机，否则不提供经费。

第三，从方案论证到制造总装，都要求通过评审合格后才能进入下一流程。

第四，组织科研精锐进行重大技术攻关。

这次大刀阔斧的体制改革为我国的航空工业带来了勃勃生机。但研制工作进行到了第三年时，新的阻力又出现了。

1989年，空军代表团访问苏联时，对苏联新式战机苏–27的优异性能颇感兴趣，决定采购。与此同时，中美“和平典范”项目的流产也让空军更加不信任国内军工，此时的歼–10仍处于图纸阶段。因此，空军内部出现了“不如下马，省钱买27”的声音。

宋文骢为了说服空军领导，决定先制作一个全尺寸样机。由于装备研制的难度大、周期长，第一架样机在两年后才完成。但歼–10全新的布局与现代感的设计，让空军高层的态度发生了大转变。

飞机研发是个系统工程，任何一个环节进度拖延，都会让研制进度变得遥遥无期。军工界曾经有过发动机研制迟迟无法突破瓶颈导致整个项目下马的前车之鉴，这个险情也曾出现在10号工程中。

最终，宋文骢按照中央军委的指示放弃国产发动机，改为引进俄罗斯苏–27的配套发动机AL–31F。他亲自到俄罗斯谈判，并将其改进为更适合国产战机的AL–31FN型发动机。由于更换发动机与空军提出更高设计指标两个因素，宋文骢团队几乎重新设计了歼–10的后机身。

1994年，歼–10战斗机的设计终于完成，1997年完成新机建造，1998年首飞成功。宋文骢自此把后续试飞工作交给杨伟设计师，自己又踏上了研究下一代战机（即后来的歼–20）气动布局的道路，最终完成了“小展

弦比升力体鸭式布局”的研究。

从宋文骢总设计师的故事中，我们不难体会到军工专家的辛苦。

歼-10的最初方案在1984年提出，1986年才立项，1994年完成图纸设计，1998年3月23首次试飞成功，2002年6月换装俄制发动机的歼-10小批量生产型号首次试飞成功，2004年1月正式在空军服役。前后经历了整整二十年，足以让婴儿长成大学生，在此期间中国社会已经发生了翻天覆地的变化。

如此漫长的周期只是为了这一个项目，对其他行业的人来说简直不可思议。

大多数人都忽略的一个问题是——军工专家虽然占据着科技领域的前沿，却与那些鼓吹快速迭代、日日创新的“互联网思维”格格不入。他们的生活节奏比我们要慢多了。

对于军工专家来说，做几个项目，一辈子就过得差不多了，这是习惯了几个月就出一代新手机的我们无法想象的。

当我们用鼠标点击着最新的互联网新闻主页时，不应该忘记这些方便快捷的生活日用品都是军工研究这棵大树开出的花朵。第三次科技革命中的计算机、互联网、航天工程、核技术、激光技术、基因工程都是军工专家的智慧结晶，各国军工专家耗费巨资长时间为人类突破一个个技术瓶颈，这些成果最终又会回馈给全社会。

如今的劳动力流动性很大，很少有人敢保证自己在一个单位待二十年不跳槽，更别说二十年只为做一个大项目了。漫长的工作周期、相对封闭的工作环境让军工专家与外界社会的更新速度不同步。但反过来想，也许恰恰是这种“时间延迟”的生活方式，让他们在各方面更经得起岁月的考验。

虽然生活方式有根本差异，但是，我们依然可以从这些大国工匠们身上得到很多宝贵的财富——尊重科学、求实创新的探索精神，不为任何艰难险阻动摇的坚定意志，永远紧盯发展前沿的开阔视野，以及为所选事业奋斗终生的奉献精神。

这是世界上最值得拥有的“稀缺品”，属于每一个不甘平凡的奋斗者。

薪火相传的精诚意志

著名作家萧伯纳有句名言："人生并不是短短的一支蜡烛，而是由我们暂时拿着的一支火炬。我们一定要把它燃烧得十分光明灿烂，然后把它交给后一代人。"

早在两千多年前，中国人表达这种思想只用了短短四个字——薪火相传。

成语"薪火相传"出自《庄子·养生主》。原文是："指穷于为薪，火传也，不知其尽也。"薪柴总有烧完的时候，但火可以通过不断添柴来保持燃烧。只要有燃料，火就能传承到子子孙孙，无穷尽也。

这个生动的生活现象常被古人用来比喻精神传承的超时空性，通过各种途径来追求永垂不朽，是人类共同的抱负。

古代民间工匠传承手艺有着非常严格的规矩。徒弟拜师后不会马上开始学技术，而是先做几年杂活。然后，师父再教"立身"，让徒弟足以在这一行有碗饭吃，但师父真正的看家本领只会传给那个做自己接班人的真传弟子。

之所以这样严格，是因为工匠希望把本门工艺视为生生不息的"道"，必须挑选最优秀的人来继承，以免无数代前人积淀下来的成果失传。

现代社会需要大批量的人才，知识技术的更新很快，这种费时费力的“师带徒”模式不再适用。但这种重视事业传承的工匠之道，依然是各行各业都需要的精神财富。

古籍修复这种历史悠久的职业，看起来与电子书无处不在的互联网社会格格不入。在许多人眼中，这就是一门技艺精妙却没什么大用的屠龙之技。很难想象，天津图书馆古籍保护中心的大部分古籍修复师都是“80后”青年。

古老的技艺与年轻的团队，两种截然相反的元素结合在一起，有种奇妙的混搭感。现在喜欢历史古籍的年轻人总数可能不少（中国人口基数大，再小众的爱好也能找到成千上万人），但在总人口中的比例微乎其微。很多历史和考古爱好者只是将其看成业余爱好，而不会像这些“80后”古籍修复师那样真正从事相关行业。

天津图书馆古籍保护中心的文献修复团队中除了保护中心副主任与几位老师傅外，其余十多名员工都是清一色的“80后”，他们已经成了古籍修复的主力军。尽管古籍保护中心引进了很多新的设备，但是修复古籍依然靠的是手工操作，是真正的传统工匠技艺。

古籍修复是一种异常精细的活。修复师的工作台上放着毛笔、糨糊、镊子、棕榈排刷等工具和待修补的古籍残片。修复师用镊子和毛笔把一小块纸片裱在古籍的每个小洞上方，再把超出原纸的边缘部分用镊子小心地夹回去。晾干后的纸张哪怕有一小块不平整，都要重做。

沉不住气的人不适合做这份需要耐得住寂寞的工作。一部古籍的数量有几册到几十册不等，每一页都要按照严格的工序进行修补。

就拿对齐纸张这道工序来说，要求不过是完全对齐四个角。修复师拿

出一大卷厚厚的纸，刷上浆糊，再逐张逐张地反复对齐。哪怕只有一张没对上，都不得不再从头开始做。工作单调、无趣，但意义重大。唯有把这个环节做到完全符合要求，最后回装古籍时才能让一本书的侧边像刀切一样的平整。

可见，没有长期的训练与积累，没有严格遵循工序的工匠之心，是无法精通这门手艺活的。所以，这些“80后”的古籍修复师在工作之余依然刻苦练习基本功。他们大多是文物鉴定与修复专业出身，对历史与考古的热爱远非普通爱好者可比。古籍修复是累人的技术活，但他们做着自己喜欢的事，从不觉得苦，也不觉得累。

喜欢归喜欢，古籍修复师绝对不能以玩心对待工作。因为古籍都是古人传下来的绝版珍品，一旦修复出现失误，就会造成永久性的破坏。无论是修复普本还是修复善本，古籍修复师都要格外小心地对待自己手上的每一本书。

因为有这群热爱古籍又认真刻苦的“80后”青年，古老的古籍修复技艺不会就此消失。为世人守护与修复古老典籍的使命，将继续薪火相传。

工匠精神重视技艺与理念的传承。当代人推崇工匠精神，很大程度上是在向这种超越时空的力量致敬。

世界500强中有百年老店，也有成立不足20年的后起之秀。而IT行业发展不到百年，IT巨头的发展模式往往是利用某项技术产品迅速壮大，这种超高速的发展比起那些靠百年积累立身的传统强企更激动人心，但历时百年以上的世代传承更能震撼人们的灵魂。

大家都知道“兴也勃焉，亡也忽焉”这句成语，都恐惧今天无与伦比的辉煌到明天就燃烧殆尽。昙花一现的鼎盛终究不符合主流审美，社会发展不是100米短跑，而是一项遥遥无期的马拉松。如果不能做到薪火相传，就没有后劲跑完全程，彻底失去笑到最后的资格。我们生活在一个四五千年以来文明持续未断的国家，对薪火相传的敬意可以说是骨子里与生俱来的。若非如此，大家也不会羡慕德国和日本的百岁企业。

想要实现薪火相传千百年的奇迹，最重要的是有一个数代人共有的精诚意志。用现在的话说，就是树立共同的价值理念，即大家常说的“企业文化”。

共同的价值观是力量巨大的精神纽带。我们与千百年前的祖先就是靠着某种精神纽带建立联系，沿着共同的目标坚强地生存发展的。所谓的“祖先庇佑”并不是你在清明节慎终追远时烧香换来的，真正保佑你的是祖先开创的建功立德精神，这才是真正的“传家宝”。同样，任何伟大的企业都会有自己独特的企业文化价值观作为“传家宝”，支持几代人继续打响积攒多年的金字招牌。

德国的伍尔特集团有世界“螺丝大王”的美称，如今仍是全球组装与固定技术的领跑者。这个家族企业与汽车大王博格瓦德、无线电先锋根德、船业大王施利克等盛极一时的企业一样，都曾借助德国战后经济奇迹而迅速壮大。但经过企业传承后，上述德国名企先后衰弱，只有螺丝大王伍尔特集团继续保持着业内世界冠军的荣耀。

伍尔特集团的母公司——阿道夫·伍尔特有限公司成立于1945年，经营再普通不过的螺丝贸易，除创始人阿道夫·伍尔特外只有两名员工。九年后，阿道夫·伍尔特去世，19岁的莱恩·伍尔特教授继承父志，把仅有三个人的小店发展成拥有六万名员工的跨国集团。

螺丝大王的企业文化具有浓厚的工匠精神色彩。莱恩·伍尔特少年时就在父亲的工厂做学徒，是技术工人出身。他博学多才，崇尚技术，

始终坚持一个原则——不以任何短期管理模式来治理企业。伍尔特坚信："对人的培养引导对于企业的盈利或者亏损有超过50%的决定意义。与之相比，资金和产品反而占据次要地位。"

在这种独特的企业文化影响下，伍尔特集团把目标集中在企业的长期循环上，而不追求下个季度增长多少利润。伍尔特还通过亲自给优秀员工颁发"伍尔特荣誉胸针"、给他们一两周海外假期、将其吸纳到高层俱乐部等方式激励员工。伍尔特并不打算成为德国最富有的人，他更热衷于把"永远不要欺骗顾客""不签订任何建立在谎言上的订单"与"质量决定价格"等信条变成伍尔特集团的传家宝。

事实证明，这种立足长远的企业文化让螺丝大王能摆脱短期利益的诱惑，保持业内领先优势。虽然伍尔特集团的历史还不足百年，但按照其特色鲜明的工匠精神传统传承下去，并不难完成薪火相传的百年大计。

任何伟大的工程都抵抗不了岁月的侵蚀，但工程建造者身上的非凡创意与高远情怀能超越时空，震撼我们的心灵。如果问工匠精神中最让人动容的是什么？答案一定是薪火相传的精诚意志。再伟大的天才工匠也终有离开岗位的一天，但他的意志与技艺会世代传承下去，延绵久远。

误区：把“匠气”当成“匠心”

工匠精神是个好东西，但学习借鉴时也要小心谨慎，不能只求虚名而不求其实，误把“匠气”看作“匠心”。

我们的祖先评价一件构思精巧的作品时会称其为“匠心独运”，批评一件生硬呆板的作品时会说它是“匠气十足”。可见，“匠心”与“匠气”两个词语自诞生以来就泾渭分明。

匠气并不代表技术落后，恰恰相反，匠气十足的人不缺乏成事的技巧。然而，他们过于热衷堆砌技巧，导致作品流露出浓浓的刻意雕琢气息。匠心则不然，它对作品有深刻的认识，是根据整体效果增减细节，而不刻意卖弄技巧。从艺术的层面来说，匠心之作自然得体，让人能够感受到和谐美；匠气之作矫揉造作，让人免不了生出违和感。

工匠精神的内核只能是匠心，而不能是匠气。舆论说“中国制造”有待升级，正是因为“匠气”太多而“匠心”太少。号召各行各业学习工匠精神是没错的，但学习的是皮毛还是精髓，得仔细分辨。

对此，物理学家、大亚湾中微子实验发言人、江门实验副发言人曹

俊提出了一个很值得深思的观点。他说："中国最近提出要发起和领导国际大科学计划和大科学工程。'领导'的意思，一是实际主持研发工作，二是提出核心思想和方法，掌握核心技术。即便是不领导，不是我们提出方案，也是值得积极参与的，只要投入与回报相匹配。回报有两种：一种是科学成果，如论文或者一个壮举，如登月，这是'面子'；另一种是研发过程中带来的新技术、培养的人才、创造的就业机会，这是'里子'。'面子'也不是全无用处，它影响国家形象，提升国家品牌，是软实力，但'里子'的回报更具体，风险更小。"

曹俊提出的"面子"和"里子"的概念，为我们理解工匠精神的皮毛与精髓提供了很好的启发。我们眼中的"工匠精神"，其实更多是在讲"面子"方面的问题，即关于"中国制造"的看得见的实际成果。比如《大国工匠》里提到的长征系列火箭、港珠澳大桥、世界上第一条海底深埋沉管隧道、C919大型客机、ARJ21新支线飞机、高铁动车组，都堪称是中国制造中的"大国重器"。对于科学家提出了什么构想，工程师设计了什么图纸，工匠怎样完成制造的过程，大多数普通人并不关心，只会为正式问世的成品感兴趣。

正因为在生活中接触到的具有国际先进水平的优质产品不多，所以大家才会习惯性把"中国制造"看作廉价山寨品的代名词。说到底，还是因为中国制造的"面子"不够光鲜。

很多人称赞工匠精神，主要是希望我国在"面子"上能奋起直追，快出让人提气的成果。比如，格力与小米得知"中国游客出国抢购日本电饭煲"后，各自研制出煮饭味道不输日本名牌电饭煲的国产电饭煲。

这些成果当然很重要，关系到中国制造的国家品牌形象，但真正的工匠精神不能只顾"面子"不问"里子"。这个"里子"就是在研究过程中开发的新技术与锻炼出来的新人才，以及由此创造的就业机会。如果说“面子”是大树上结出的鲜花和果实，那么“里子”就是树干与树根。

就目前而言，日本货与韩国货在不少国人眼中依然比中国货有品质保证。这两个国家也曾有过粗制滥造的山寨时期，不得不引进发达国家的技术。但他们的工匠精神不只是满足于把别人的技术学到手再生产出毫不逊色的国产货，而是认真消化发达国家的先进技术，在学习中锻炼出自主创新能力。

以韩国为例，韩国与中国引进技术的思路有所不同，不准成套引进生产设备，而是逐步引进新技术，消化之后再创新，培养自己的研发团队，提升整个产业的技术体系。所以，韩国企业的自主研发能力往往强于大部分同行业的中国企业。

而中国企业喜欢成套引进国外的生产设备，然后让工程师与技术工人按照国外的操作手册来使用和维修。当这套设备变得落伍时，再引进更新的设备。尽管国内某些产业一直在不断引进先进技术，也能运用这些设备来生产质量不错的国产货，但实际上根本没有消化吸收这些外来技术，也未能在此基础上做技术创新，更没有锻炼出相应的技术人才。

在“面子”上取得了进展，却在“里子”上一无所获。就算产品的质量做到了精益求精，但整个产业的实力依然薄弱，没法实现转型升级。我国的《十三五规划纲要（2016—2020年）》中强调的“深入实施创新驱动发展战略，发挥科技创新在全面创新中的引领作用，加强基础研究，强化原始创新、集成创新和引进、消化吸收再创新”，正是针对这种现象提出的。国家高层已经意识到了“工匠精神”不只要“面子”光彩，更要“里子”坚实。

其实，中国从来不缺少头脑清醒的有识之士，那些成就突出的单位

往往既重视“面子”更重视“里子”，把工匠精神从里到外贯彻到底。特别是大家急迫地想以小搏大争“面子”时，富有工匠精神的单位并不玩小聪明，而是以深谋远虑的大智慧争“里子”。

大亚湾中微子实验发言人曹俊认为，现代科研工程少不了要进行国际合作，各国都在千方百计地用自己的投入来强化“里子”。他说：“在高能物理的大科学工程中，按国际惯例，国际合作的投入一般以实物形式贡献。比如我们参与欧洲的大型强子对撞机，中国负责的探测器部分由中国设计、在中国生产，拿到欧洲去组装集成；去年获得‘科学突破奖’的大亚湾中微子实验，美国有重大投入，他们负责的探测器在美国加工生产，拿到中国来集成。这样，各国在研发过程中形成的新技术、培养的人才都留在国内，有助于学科发展，也给国内创造了就业机会。投入与具体回报两者相抵，实际上的‘净投入’和风险是比较小的。”

大亚湾中微子实验是一个比较典型的成功案例。但不少国际合作项目，我国只是提供了资金与实物贡献，或者参与了一些技术含量不高的低端基础工作，而没有参与设计环节。这种项目最终只能得到“面子”上的成果，而无法借机开发出新技术，锻炼出新型人才，推动本国学科发展，对国内就业的贡献率也很有限。就算这种国际合作项目能推出质量过硬、形象优美的“中国制造”产品，企业还是没有掌握具有自主知识产权的核心技术，在国际竞争中依然处于跟着别人跑的下游地位。

倘若把“工匠精神”套入这种发展模式，只会把中国制造业变得越来越匠气十足，无法在各个领域培养出真正具备工匠精神的生产者。

所幸，《大国工匠》专题片不仅为我们展现了中国制造最好的“面子”，还揭示了其中最好的“里子”。八位大国工匠在各自的专业领域达到了登峰造极的水准，更重要的是，他们都具有浓厚的自主创新意识，重视通过自己的努力来提升整个行业的水准。也许，正因为他们重视“里子”，故而能摆脱社会普遍的浮躁气息，踏踏实实地做好本职工作，最终也为“中国制造”赢得了“面子”。

重“面子”而轻“里子”只是虚有其表的“匠气”，肯在不那么吸引眼球的“里子”上下功夫的，才是真正的“匠心”——没有一丝水分的工匠精神。

练习：立足本职工作，锤炼工匠精神

老话说得好："良田百顷，不如薄艺在身。"掌握一门能在社会上立足的专业技能，比直接坐吃金山银山要强多了。有为才有位，有才方有财。知识技能在合适的条件下，可以变现为超乎寻常的价值。

古代的宋国有个漂洗工，祖祖辈辈都以此为生。当时的漂洗工作都是在河边进行，漂洗工的双手要长时间泡在水里。其他同行一到冬天就只能歇工，因为皮肤会被冰冷的流水冻裂，唯独这位漂洗工能四季做活。奥妙在于他懂得制作一种独特的膏药，可以保护皮肤不被冰水冻裂。

另一个人听说后，出百金求购他的药方。漂洗工每年收入只有几金，于是欣然同意了这笔生意。

买走药方的人把这种药方进献给了吴王。当时吴国和越国经常打仗，两军士兵都为冬季作战的冻伤问题感到头痛。这年冬天，越国又派水师来战。吴军士兵涂抹了这种膏药后，再无冻伤现象。而越军士兵还是普遍双手冻裂。如此一来，双方战斗力一下拉开了差距。吴军大胜而归后，吴王分封了一块地给这个进献药方的人。那是当时最高规格的奖赏。

这个故事的关键道具是那个药方。漂洗工凭借这项独门工艺成为行业中的领军人物，而买药方的人也通过买断这项专利技术获得了更大的回报。由此可见，知识技能是一个人立身立业的最大资本。

当我们想要实践工匠精神时，最重要的就是立足本职工作，练出一身过硬的知识技能。那些光喊工匠精神的口号而疏于提高自身能力的人，都是喜欢假龙而不喜欢真龙的叶公。前面提到的大国工匠们，无不是以精湛的技艺在业内树立威望。假如你觉得他们的成功之路耗时太久，四川省最年轻的劳模曾正超则用行动告诉世人，中国技术工人的成长速度可以有多快。

世界技能大赛被誉为国际技能界的“奥林匹克”，是各国工匠较量真本事的擂台。2015年8月，第43届世界技能大赛在巴西圣保罗举办，来自世界各地的1192名工匠角逐50个比赛项目的奖牌。中国队的32名选手分别参加了29个比赛项目，取得了5金6银3铜和12个优胜的好成绩。其中，焊接比赛首次冲金成功，实现历史性的零突破。

获得“世界第一好焊”美称的工匠，是来自中国十九冶集团有限公司的四川攀枝花小伙曾正超，当时他才19岁。这么年轻就成为世界焊接冠军，无论从哪个方面看都充满了传奇色彩。但曾正超的成才之路一点都不平坦。他之所以成功得那么早，是因为把许多人十几年的辛苦都提前吃下了。

初中毕业后，16岁的曾正超没有选择常规的读高中考大学之路，而是考入攀枝花技师学院，学起了焊工。焊工是一个很辛苦的技术工种。哪怕气温超过30多摄氏度，依然要穿着厚实的工作服。

曾正超的手臂上有几十个烫疤，都是训练时留下来的。尽管如此，他还是坚持每天独自练习，衣服上布满了烫孔。这种吃苦耐劳的认真劲很快为他赢得了机遇。

在第42届世界技能大赛时，曾正超就被单位选拔为备战选手。当时他才刚进入十九冶技工校一个月，几乎完全不懂电焊。同时参加集训的40多名备战选手都是十九冶技工校各年级的尖子生。

教练周树春开始并没觉得这个小伙子有什么出类拔萃的天赋。但他每次临时去工位检查时，都会发现曾正超在坚持训练，而大多数选手在休息或玩手机。更重要的是，曾正超内敛沉稳的个性非常适合做焊接工作。一个星期后，周树春对这位基础很差的年轻人大为改观。在他的指点下，曾正超把砖头或铁块吊在手腕下，以求训练出又稳又准的手上功夫。

四个月后，曾正超首次冲击世界技能大赛，但缺乏经验的短板让他止步于“十进五”的选拔赛。但通过这次经历，他已经成长为一名优秀的焊工。

有一次，公司派他作为突击队员到成都参加二环路的建设。监理方一看到才十六七岁的曾正超时火冒三丈，要求十九冶马上换人。但十九冶的领导认为曾正超虽然年少可能力绝对过硬，坚持要用他。最终，半信半疑的监理方对小曾师傅的出色表现赞不绝口。

2013年初，曾正超完成孟加拉国的工程建设任务，返回国内。公司决定再次让他参与第43届世界技能大赛的备战。这一次，曾正超在四川省选拔赛焊接项目获得一等奖，在全国选拔赛中拔得头筹，进入国家队集训。后来又在全国五进二选拔赛获得第一名，成为中国队在焊接项目上的代表。

在国家队集训期间，曾正超每天6:30起床，先进行40分钟以上的体能训练，8:00开始焊接技能训练，忙到晚上十一二点才休息。平均每天训练时间长达15个小时。训练内容完全按照大赛要求严格进行。曾正超在训练过程中多次被焊光灼伤，在赛前一个月还遇到了最大的阻碍。

当时中国队从美国订制了一台设备，但焊工队员们看不懂按钮上面的英文，也不清楚进口设备的参数设置。曾正超与队友们一面查背单词，一面测试设备的参数设置。不料，经过很多天的努力，曾正超还是不能做出完美的焊接，连教练周树春都气得大骂。

好在功夫不负有心人，曾正超终于在比赛前十几天的时候彻底弄清了这台设备。他心里几次打退堂鼓，但最后还是坚持了下来。

2015年8月，曾正超远赴巴西圣保罗参加人生中的第二次世界技能大赛。大赛要求选手在4天18个小时内完成4个模块的焊接，评分标准极其严格。最终，曾正超获得了89.6分，力压群雄，一举夺金（这也是中国队在世界技能大赛历史上获得的第一枚金牌）。

赛后，曾正超转为十九冶集团的正式员工，并且成为十九冶技工校最年轻的教练。2016年3月29日，年仅20岁的曾正超获得“四川省劳动模范”荣誉称号，刷新了四川省劳模最低年龄获得者记录。

与《大国工匠》中的八位主人公不同，夺得世界焊接冠军的曾正超可谓年少成名。但正如他的恩师周树春所说，曾正超并不是那种让人眼前一亮的天才少年。他之所以能少年成名，靠的是不折不扣地贯彻工匠精神。

他有过失败，也有过动摇，遭到过质疑，还在冠军之路上被美国设备逼得掉眼泪。但他和所有优秀的工匠一样，坚韧不拔，坚持到底，不破楼兰终不还。经验不足就通过加倍努力来快速积累，技术不精就通过

反复试验来提升。这份坚定不移的精诚意志激发了他的潜力，这份对工匠事业的热爱锤炼出了他的高超技艺。

若非付出了数倍于常人的努力，曾正超没法加快自己的进步速度，也就无从缩短成功之路。如果认真计算这些努力的分量，他的“速成”一点都不突兀。因为绝大多数人几十年的拼命程度加起来，还不如曾正超几年的千锤百炼。

工匠的一切荣誉都来自于不懈的努力。他们无论从事哪个行业、哪个工种，都执着地把本职工作做好做精。唯有如此，才能锤炼出绝技，形成自己特有的核心竞争力。当工匠绝技与工匠之心融为一体时，他们将突破自身局限，在事业上做出过去达不到的成就。

后记

把名字留在星星上的大国工匠

我们今天所用到的许多生活用品都与石油工业密切相关，你肯定听说过中国的大庆油田，但未必知道他的名字。

80岁高龄的他在石油界的名声如雷贯耳，为国家贡献良多，却远远达不到脍炙人口的程度。直到一张年轻时的照片流出，让他一下子成了网络红人。只因为当时的他相貌酷似以帅气著称的华人男星吴彦祖，广大网友尊称他为“史上颜值最高学霸”、中国石油大学的最帅校友。

如果说网友的点赞更像一场猎奇的娱乐活动，那么国际小行星中心给予他的好评则是含金量达到24K的荣誉。

2015年11月25日，国际小行星中心给予何梁何利基金科学与技术成就奖获得者——有着“石油院士”美称的他一个小行星国际永久编号——210231。获得小行星国际命名是科学家的至高荣誉，这意味着他的名字将伴随着那颗星星永远被全世界的人代代流传。大家耳熟能详的达·芬奇、牛顿、居里夫人等历史伟人都曾经获此殊荣。

这个把名字留在星星上的人，是中国科学界中罕见的混血儿，其混合欧亚特色的英俊相貌在当时非常扎眼。他出生在一个知识分子家庭，父亲曾经留学美国，母亲是瑞士人。在兵荒马乱的抗日战争时期，他无法安心读书，是母亲为他做了最初的启蒙。后来他考入了北京石油学院（中国石油大学的前身）钻采系采油专业，1960年他毕业时赶上了中国已经发现的特大型油田——著名的大庆油田。这个喜讯让立志为祖国石油事业做贡献的他放弃了更轻松的留校任教机会，主动投身条件艰苦的松辽石油前线。但是，品学兼优的他由于种种缘故未被分配到石油科研单位，而是到了采油指挥部的测试队，职务不过是小小的试井队实习员。

出人意料的是，大材小用的冷水并未熄灭他的工作热情，他暗下决心以实际行动来证明自己的能力与忠诚。

松辽石油的生产试验区刚刚起步，既有条件落后的挑战，也存在科学家另辟蹊径的机遇。凭借良好的数学和物理知识功底，他在试井队工作时很快注意到国际上通用的“赫诺法”计算的油层压力值存在普遍误差偏高的缺点。他精心研究后发现，“赫诺法”计算公式本身的问题不大，但开发井之间的压力波动相互干扰导致计算公式的适用条件不成立。

当时著名油田开发专家童宪章为了解决不稳定试井的问题，已经开始研究新的数学算式，但还没有取得实质性突破。他人微言轻，但毛遂自荐，独自向这个课题发起挑战。

第一道障碍居然是语言关。

由于特殊的家庭背景，他自幼擅长汉英双语。但当时中国的技术资料主要来自苏联，用俄文写成。为了了解苏联的前沿学术动态，他刻苦自学俄语，把所有能借阅到的苏联文献都读通了。经过100多天的潜心研究，他创造了一个前所未有的压力计算公式，通过推演后发现该公式能求出合乎数学逻辑的解。据他回忆，那个灵感突然迸发的日子正是1961年的元旦。那时他才24岁。

实践结果让众人又惊又喜，他独立推导出来的压力计算公式能把压力误差值减少到“赫诺法”的五分之一，完全达到了期望的精度。

按照国际惯例，这种新方法本该以他的姓氏命名，但他当时和许多“大庆人”一样崇尚不计名利的观念，将其命名为“松辽法”并在全国各油田推广应用。之后他再接再厉，又连续推导出多种提高测压效率的新算法。这个了不起的技术创新，让关井续流时间由原本72小时以上锐减至8小时。我国石油行业因此在少数领域一举达到了世界先进水平。直到“松辽法”应用几年后，国际专业石油杂志才出现类似的报道。

因为这个了不起的创举，他在26岁时被评为松辽石油会战的红旗手和科研标兵，并被组织破格晋升为采油工程师。1963年10月，他被调入刚组建的大庆油田采油工艺研究所，担任测试项目组的技术负责人，负责带队研发石油产业的新工艺、新技术研发。至此，他终于实现了自己的科学家梦想。

采油工艺研究所的首个重点科研项目是分层测试技术。当时连发达国家也缺乏成熟的分层测试工具和工艺，这是一个从无到有的艰巨任务。他毫不畏惧，从1964年到1966年带队研究出了三种重要的石油生产工艺，并领衔研制出“301型分层测验器”“104型流量计”“204型产量计”和“501型分层压力计”四种分层测试所需的仪器仪表。

他不光提出思路与方案，还亲自组织现场试验并推广新技术与新工艺。他首创的分层测试技术填补了国内空白，并为大庆油田1964年冬季的分层配水会战建立了汗马功劳。

中国能走出一条不同于国外的特色油田开发道路，很大程度上是这位首席功臣的贡献。

1971年，他克服重重困难，研制出了百分之百知识产权的偏心配产配注工具工艺。这项“中国创造”是全世界油田开发100多年历史上的里程碑。在他的努力下，当时全面落后于各发达国家的中国在石油等少数领域保持着国际领先水平。

1976年，他奉命完成了“大庆油田5000万吨原油产量稳产十年采油工艺规划”。两年后，被任命为大庆石油管理局副总工程师。他审时度势，提出了转变采油方式的宏大构想，组织领导了由自喷采油转变为机械采油的系统工程论证。接下来，他领导国内1000多位采油工程师分系统联合攻关，先后研发了多项新技术与新工艺，使得“大庆油田5000万吨连续十年稳产方案”变成了现实。

1994年，刚成立不久的中国工程院选出了首批院士，里面就有他的名字，他是第一批工程院院士中唯一的石油科技工作者。1998年，他领衔研发的“聚合物驱油技术”再次获得了国家科学技术进步一等奖。

由于他的巨大成就，世界石油工程师学会授予他“杰出会员奖”与“终身会员”的光荣称号。何梁何利基金评审委员会在2009年向他颁发了科学与技术成就奖，并于2014年7月与中科院紫金山天文台共同向国际小行星中心申请以他的名字命名国际小行星。

2016年4月12日，中国石油天然气集团公司、何梁何利基金、中国科学院紫金山天文台在大庆油田为他联合举办了小行星命名仪式暨学术报告会。从那天起，他的名字永远印在了210231号小行星上。

这位把名字留在国际小行星上的帅气工程师，就是中国工程院院士、中国油田分层开采和化学驱油技术的奠基人——王德民，一名与大庆石油劳模“铁人”王进喜同样应该被载入史册的大国工匠。

王德民的获奖感言很简短——“这份荣誉不只属于我个人，而属于中国石油广大科技人员；这份荣誉既意味着鲜花与掌声，更意味着使命和责任。”

什么是工匠精神？如你所见。